RELIGION AND SOCIETY

collana diretta da Arnaldo Nesti

III Serie

8

Riorientare la nostra civiltà o il nulla.
Nell'era dell'antropocene e
di continue guerre:
le religioni, le scienze, le arti ci
salveranno dall'estinzione?

a cura di Arnaldo Nesti

CISRECO
Edizioni

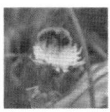

Pubblicazione degli Atti della XXX Summer School on Religion tenutasi a San Gimignano dal 23 e 26 agosto 2023.

Hanno collaborato a questo volume:
Peter Antes, Università Leibnitz di Hannover
Andrea Banchi, Borgo San Lorenzo
Pier Paolo Baretta, Economista
Stefano Becucci, Università di Firenze
Enzo Bianchi, Fondatore Monastero di Bose
Paola Biavardi, Istituto di Scienze Religiose dell'Emilia
Fabio Caporali, Università degli Studi della Tuscia; Presidente Gruppo MEIC, Pisa
Antonino Drago, Università di Napoli
Giancarlo Gaeta, Università di Firenze
Stefania Lombardi, PhD in Filosofia Morale
Diego Mauro, CONICET e Universidad Nacional de Rosario
Lucio Meglio, Università degli Studi di Cassino
Arnaldo Nesti, Direttore Scientifico CISRECO
Marco Politi, Saggista e vaticanista, Roma
Gaspare Polizzi, Università di Pisa
Verónica Roldán, Università degli Studi Niccolò Cusano di Roma

Si ringrazia la sezione di Sociologia della Religione dell'AIS per la collaborazione, il Comune di San Gimignano, il Comune di Barberino Tavarnelle e la Fondazione Peccioli per l'Arte.

©2024 CISRECO Edizioni
Centro Internazionale di Studi sul Religioso Contemporaneo
CP 11 – Via San Giovanni, 38 – 53037 SAN GIMIGNANO (Siena)
E-mail gpicone@comune.sangimignano.si.it
Sito Internet www.asfer.it
ISBN 978-88-946082-6-7

Sommario

Summer School on Religion. Un sogno lungo trenta anni.
Nascita, sviluppo e cambiamenti della Summer School on Religion
(1994-2023)   9
di Arnaldo Nesti

L'occidente cristiano ad un transito storico   14
di Giancarlo Gaeta

"Guerra globale". Francesco, una voce di fede e di ragione   22
di Marco Politi

Con Amleto per un nostro diverso impatto ecologico e sociale più etico   31
di Stefania Lombardi

Un'etica mondiale, modello religioso per una convivenza pacifica   41
di Peter Antes

Riflessioni sul libro di Lanza del Vasto per *Evitare la fine del mondo* (1973)   49
di Antonino Drago

L'uomo che Dio incontra   71
di Paola Biavardi

Ritornare al futuro. Politica e teologia in Francesco   78
di Diego Mauro

E l'economia? Introduzione alla sessione dedicata all'economia   86
di Pier Paolo Baretta

Land grabbing, cambiamenti climatici e migrazioni forzate   95
di Stefano Becucci

Per una nuova convivialità   102
di Andrea Banchi

Educare alla pace con coscienza ecologica 111
di Fabio Caporali

Papa Francesco, la politica e il popolo 124
di Verónica Roldán

Religioni, sostenibilità e cura del creato: ortodossia e cattolicesimo a confronto
nell'era dell'antropocene 131
di Lucio Meglio

Le crisi ambientali tra disincanto e nuove narrazioni 141
di Gaspare Polizzi

Riorientare le nostre civiltà 149
di fratel Enzo Bianchi

La XXX edizione della Summer School, alla luce anche dei forti temi affrontati, è particolarmente dedicata alla memoria di Simone Weil nell'ottantesimo anniversario della morte (24 agosto 1943), e alla memoria di don Lorenzo Milani nel centenario della nascita (27 maggio 1923).

SUMMER SCHOOL ON RELIGION. UN SOGNO LUNGO TRENTA ANNI. NASCITA, SVILUPPO E CAMBIAMENTI DELLA SUMMER SCHOOL ON RELIGION (1994-2023)

di Arnaldo Nesti

Nei primi anni '90, tenendo conto dei segni di crisi che si avvertivano nel mondo universitario, si pensò di tentare nuove forme di studio e di insegnamento in una prospettiva europea che tenessero conto:

- della specificità del fattore religioso,
- della comunicazione scientifica al di là delle appartenenze culturali confessionali,
- della preparazione di studiosi e operatori alla lettura del fattore religioso nell'attuale mutamento della società.

Fu utile riferimento l'esperienza di Arnaldo Nesti fatta negli anni '70 all'Università di Lovanio. Infatti nel 1974 fu invitato da François Houtart e dal gruppo dei suoi collaboratori, a tenere un Seminario nell'ambito della Summer School a Lovanio (Belgio, 19 Agosto- 6 Settembre), alla quale parteciparono studiosi di vari paesi in particolare dell'America Latina.

In tale occasione Nesti tenne un corso su *Culture Religieuse et stratification sociale. Analyse de la Religion comme phénomène culturel des classes dominantes et de classes subalternes*, con la traduzione simultanea. Questa esperienza rappresentò una forte occasione per ripensare modi e tempi di insegnamento e di ricerca in un'ottica internazionale.

A distanza di anni, l'incontro con un gruppo di amici, in particolare con il sostegno di Giovanni Goria, ex-presidente del Consiglio dei Ministri, al tempo presidente dell'A.S.Fe.R., fu l'occasione per una nuova esperienza da effettuare nel Castello-Abbazia di Passignano (Tavarnelle Val di Pesa).

Nel 1993, in questa sede si incontrarono, con il Presidente Goria e Nesti, il Priore del tempo don Biagio Della Vecchia, i rappresentanti del

Comune di Tavarnelle, il prof. Peter Antes (Università di Hannover), Isidoro Moreno (Università di Siviglia), Pietro De Marco (Università di Firenze), Tebro Sottili.

Tra i temi che furono discussi ci fu quello di stabilire concreti rapporti con la Comunità europea e con alcuni istituti universitari russi. Su proposta del Comune di Tavarnelle fu aperto un canale con la Regione Toscana per un primo contributo volto a far fronte alle spese per ospitare una decina di borsisti provenienti da diverse località. Fu altresì fissato di iniziare a ripetere nel tempo una tale esperienza, nell'ultima settimana del mese di agosto. Il Prof. Antes si fece promotore di adottare come lingua ufficiale l'italiano.

La sede ufficiale dell'I.S.S.R.E. è stata dal 1994 il Castello Abbazia di Passignano e tale resterà per tutti gli anni '90 per trasferirsi poi, dopo la morte immatura del Priore Dalla Vecchia, a San Gimignano nel Palazzo Pratellesi, grazie all'Organizzazione del C.I.S.R.E.C.O.

L'ultima Summer School a Passignano fu quella dedicata a "Migrazioni e pluralismo culturale. Lingue e religioni" (29 Agosto-31 Agosto 2001) che fu possibile grazie alla collaborazione di E.M.Z Berlin (Europeisches).

Dopo la morte del Priore Dalla Vecchia e la nomina di don Roberto Lucidi a suo successore, fu progettato un rilancio della Summer School all'Abbazia di Passignano che prevedeva la creazione di una Fondazione per farne un Centro Internazionale. Il progetto prevedeva la presidenza del Priore pro-tempore del Monastero per realizzare interessanti prospettive culturali.

Il Comune di Tavarnelle, nella persona dell'Assessore alla cultura Galgani si attivò al tal punto da fare una conferenza stampa che ebbe echi sui giornali locali.

Questo provocò forti reazioni negative da parte di alcuni monaci per due motivi: in primis perché la Comunità sarebbe stata scavalcata, in secundis perché si veniva a creare un pericoloso connubio tra il Monastero e "i comunisti", poiché la locale Amministrazione Comunale era di sinistra.

Preso atto della rottura della collaborazione, e lasciata dunque Passignano, ci si pose alla ricerca di una nuova sede. Furono esplorate varie ipotesi, fra queste il Santuario di Pietracupa e contemporaneamente gli spazi della canonica di S. Donato in Poggio, in alternativa si pensò ai locali nuovi del Palazzo Spinelli, sempre a S. Donato. Inoltre furono esaminate altre possibilità, fra queste, grazie alla collaborazione del Sindaco di Quarrata del tempo Stefano Marini, si pensò alla villa "La Magia" di Quarrata. Un'altra possibilità fu quella di abbandonare la Toscana ed andare in Emilia su suggerimento del Prof. Corrado Corghi. Non va dimenticato che il Presidente dell'Asfer del tempo era l'emiliano on. Renzo Imbeni.

Nel mese di novembre si presentò tuttavia, su suggerimento del Prof. Andrea Spini, l'ipotesi di prendere contatti con il Comune di San Gimignano anche perché si era reso libero il Palazzo Pratellesi in seguito al trasferimento del Centro Studi sul Classicismo. Fu fissato un appuntamento con il Sindaco del tempo, Dott. Marco Lisi, e avvenne un primo incontro alla fine di novembre 2001.

Il Prof. Nesti presentò l'ipotesi di creare un Centro Internazionale che recuperasse l'esperienza della Summer School ed eventualmente creasse a San Gimignano "un balcone" di risonanza internazionale sui problemi e i rapporti religiosi, la conflittualità, la pace. La suggestione trovò immediato interesse nel Sindaco che mise in risalto come San Gimignano avesse tutte le prerogative per tale progetto dal momento che è la terza città toscana di richiamo turistico.

Si cominciò a pensare ad un eventuale ubicazione di spazi e si considerò innanzitutto il Convento di S. Agostino. Nelle settimane successive la riflessione si allargò e furono coinvolti, oltre che il Priore di S. Agostino, alcuni funzionari delle Belle Arti. La conclusione fu che nell'ultima settimana di gennaio 2002 in una Conferenza stampa il Sindaco annunciava il trasferimento della Summer School da Passignano a San Gimignano. Successivamente, con atto del Consiglio comunale, venne riconosciuta l'istituzione del Centro Internazionale di Studi sul Religioso Contemporaneo (C.I.S.Re.Co.)

Nell'agosto del 2002 si tenne la IX Summer School, la prima a San Gimignano. Da allora con regolarità ogni fine di agosto si sono ripetute nella cittadina dalle cento torri edizioni della Summer School on Religion con la presenza di numerosi ospiti internazionali.

Dal 2015 è ripresa la collaborazione con la Badia a Passignano e il Comune di Tavarnelle Val di Pesa (ora Barberino Tavarnelle dopo la fusione del 2019) che ospitano una giornata della Summer School.

Negli ultimi anni i contenuti trattati hanno superato l'ambito europeo, che era quello iniziale, per guardare più largamente i destini del mondo. Il papato di Francesco ha fortemente influenzato questo approccio e ha fatto sì che le tematiche affrontate avessero un'ottica globale. La pandemia come evento che ha colpito l'intero pianeta ha ancor più segnato l'abbattimento dei confini.

Già nel 2017 il titolo "*La bellezza salverà il mondo*" prefigurava argomenti che si ripropongono in questa edizione della Summer School. Dunque la drammaticità della situazione, sia per il cambiamento climatico sia per la guerra in Europa, anche nei temi annuali è andata ad aumentare con accenti di maggiore urgenza.

E così siamo ad oggi, all'edizione trentennale della Summer School che con una enfasi particolare è intitolata: *Riorientare la nostra civiltà o il nulla. Nell'era dell'antropocene e di continue guerre: le religioni, le scienze, le arti ci salveranno dall'estinzione?*

Ed ecco il testo della call che chiarisce ancor più il contenuto di questa edizione:

> Dai truci massacri di civili avvenuti in Ucraina finora non nasce una umanità nuova, capace di esprimere un patto di pacificazione e in grado di sedere, tutti i popoli insieme, a un unico desco per vivere una serena convivialità.
>
> La secca invernale del Po, le devastanti alluvioni pakistane, la scomparsa degli animali delle calotte ghiacciate dei poli ci mostrano un pianeta che non conosce più le stagioni. L'uomo padrone del mondo e della storia non avverte come propria la sofferenza della Madre Terra.
>
> È dunque passivo e inerte, inutile e ignavo, l'uomo contemporaneo di fronte alle sfide che lo interpellano.
>
> Ci occorre la forza di Aya (in arabo miracolo, segno di Dio), la neonata rinvenuta col cordone ombelicale ancora attaccato alla mamma ormai morta tra le macerie del terremoto a Jandairis, in Siria. Occorre il suo tenace attaccamento alla vita.
>
> Papa Francesco a partire dalla *Laudato si'*, che era un accorato quanto circostanziato appello sulla cura della nostra maltrattatissima casa comune, e con le continue grida di dolore sulle guerre quotidiane, ci ha fornito materiale a sufficienza per tornare a discutere e a interrogarci su "Dove siamo?"
>
> A cosa ci porterà questa guerra; a cosa ci porterà questa cieca corsa verso il collasso del nostro piccolo pianeta giunto alla sua ultima era: l'antropocene?
>
> Autodistruzione ed estinzione della specie: questa è la folle gara a cui stiamo assistendo.

Allora, di nuovo, dove siamo? Gli scienziati, gli artisti, i filosofi dove sono? Le religioni che ruolo giocano? Paradossalmente non potranno neppure pensare alla nostra estrema unzione. Semplicemente perché se non ci saremo più non ci saranno neppure le religioni e i suoi sacerdoti. La nostra specie sarà estinta, quindi la parola futuro semplicemente cancellata.

Queste sono le domande che, mentre ci spronano a capire, dovrebbero suscitare in noi un senso di rivolta verso lo stato delle cose presenti e al tempo stesso di amore verso le nostre Grete del futuro. Noi non ci saremo. Ma loro sì e noi vivremo ancora, perché a loro avremo garantito la vita.

L'OCCIDENTE CRISTIANO AD UN TRANSITO STORICO
di Giancarlo Gaeta

Quando mi sono messo a pensare come avrei potuto contribuire alla riflessione intorno a un tema così grave, mi sono detto che l'età non mi abilita a prospettare il futuro, ad indicare cioè vie d'uscita operative da una situazione, che se non è da «fine del mondo», segna comunque la fine di un insieme di valori che storicamente hanno costituito l'identità spirituale del nostro mondo, iniziato con la filosofia greca e reso universale dal cristianesimo e dalla scienza moderna. L'età avanzata mi consente tuttavia di offrire memoria di eventi, di situazioni, di scelte, di responsabilità che hanno determinato il presente e che ora pesano sull'esistenza di quanti per generazione hanno capacità e volontà per disegnare immagini di futuro, ma sono forse in difficoltà a causa dalla nebulosità dell'attuale stato delle cose in ogni ambito.

Ma come siamo giunti a questo punto? È una storia lunga più di un secolo, che affonda le radici nell'impresa mancata dell'Illuminismo e nel mito ottocentesco del progresso. Ma per restare alle cause prossime richiamo alla memoria anni che ritengo decisivi, quelli tra le due guerre, perché allora sono state fatte scelte culturali, poco importa quanto consapevolmente, che hanno segnato la storia intellettuale europea fino ad oggi, strettamente intrecciate con gli eventi sociali e politici.

Ricordo rapidamente che in quegli anni è stata messa in questione la natura stessa della filosofia, emblematicamente rappresentata dalla svolta anti husserliana di Heidegger e sulla sua scia del nichilismo di Sartre e infine di buona parte degli autori francesi e italiani che negli ultimi cinquant'anni hanno fatto scuola. *Essere e tempo* e *L'essere e il nulla* andrebbero letti oggi non come capolavori della filosofia del Novecento, secondo la vulgata, ma come la negazione della stessa ragion d'essere della filosofia nata in Grecia, cioè della filosofia esclusivamente sostenuta dal bisogno di conoscere. Il cui effetto a lungo termine, nell'epoca dell'intelligenza artificiale, è il misconoscimento della nozione stessa di conoscenza in via di transizione dal soggetto pensante alla società; una supposta «società della conoscenza», ma le società non pensano, è dunque più probabile che ci attenda la società della stupidità naturale.

Con le nozioni di relatività e di quanta, spuntate inaspettatamente all'inizio del Novecento, è stata introdotta nella nostra scienza una contraddizione riconosciuta e asserita (un germe d'irrazionalità), che ha posto un abisso tra ciò che s'intendeva per scienza a partire dalla Grecia antica e ciò che da allora s'intende con questo nome. Ma è sulla base di quelle oscure nozioni che si è lavorato alla scissione dell'atomo e ci si è applicati allo sviluppo della tecnologia spaziale.

Quanto alla grande arte europea, essa è andata perdendo l'impulso ad esplorare nel più profondo l'esistenza umana sotto tutti gli aspetti. Ha prevalso l'avanguardismo con l'esaltazione del pensiero non orientato. A proposito della letteratura, Simone Weil giudicava i movimenti letterari contemporanei corresponsabili «dell'indebolimento e della quasi scomparsa della nozione di valore», con la conseguenza di produrre opere impotenti ad «offrire in forma di finzione l'equivalente dello spessore stesso della realtà».[1]

Da allora ci è successo qualcosa di cui si fatica a prendere piena coscienza: la filosofia e l'arte non si occupano più realmente del «mondo della vita», si occupano piuttosto, come la scienza, dei fatti osservabili ma non realmente pensati. Fatto sta che, posti in balia di soggettività autoreferenziali, i fatti perdono spessore, diventano manipolabili a piacere in operazioni il cui unico criterio di verifica consiste nel grado di successo sociale delle opere, analogamente a quel che avviene nella scienza contemporanea, per la quale quel che conta non è l'intelligibilità del procedimento e dunque l'apporto conoscitivo, ma il riscontro pratico.

Quanto a noi, se abbiamo consapevolezza reale della situazione, dovremmo tornare a porci con decisione l'interrogativo che era stato di Hannah Arendt: «Come è potuto accadere tutto questo?». Lei se lo poneva, certo, innanzitutto in riferimento alla Germania, ma la catastrofe tedesca non era per lei dissociabile dal fallimento dell'eredità umanistica europea. Fatto sta che ci è mancata dal dopoguerra una vera coscienza storica, non limitata cioè all'affermazione del «mai più», ma disposta ad andare alle radici culturali di un rovesciamento dei fondamenti stessi della nostra civiltà, indispensabile per «muovere un primo cauto passo verso un

---

1 S. Weil, *Morale e letteratura*, Pisa, ETS Editrice, 1990, pp. 25 e 32.

periodo di umanesimo», secondo l'auspicio che era stato di Etty Hillesum dal campo di concentramento.²

Nell'ultimo mezzo secolo non si è andati per lo più oltre un'osservazione dello stato delle cose dall'alto di metodologie storico-sociali, antropologiche, etnologiche, in larga misura funzionali alla razionalità socio-economica dominante, piuttosto che impegnarsi a comprendere gli effetti che i mutamenti in corso stavano determinando sotto molteplici aspetti nell'esistenza dell'uomo comune «intrappolato nel reticolo delle razionalità livellatrici»³. E perciò poco o nulla ci si è interrogati circa il modo di pensare e sentire, di vivere le relazioni, di sostenere la discontinuità dell'esistenza divisa tra modelli di vita incoerenti e contraddittori. E di conseguenza, cosa ne è della vita interiore, del desiderio di pienezza, di intelligenza del mistero, del sentimento di universalità, se non c'è passaggio e complementarità tra vita sociale e spirituale in tutti gli ambiti: intellettuale, religioso, artistico.

Una condizione storica che ci colloca su una soglia critica altamente problematica, perché combina in un'oscura spirale il moltiplicarsi delle guerre, le migrazioni di massa, una crisi inestricabilmente economica ed ambientale, il rischio pandemico incombente e quello atomico annoverato di nuovo tra le opzioni militari possibili. A cui bisogna aggiungere la dilagante perdita dell'interiorità, e perciò delle capacità critiche che l'uso assorbente dei social opera in particolare sulle nuove generazioni; una forma di sonnambulismo aggravata e generalizzata, rispetto a quella efficacemente raccontata nei suoi romanzi da Hermann Broch quasi un secolo fa.

Tale è per sommi capi il contesto storico e culturale entro il quale ritengo vada altresì letta la perdita di credibilità e funzione sociale del religioso nella società contemporanea. Un mutamento irreversibile che già negli anni settanta Michel de Certeau aveva lucidamente colto e spiegava in termini di «folklorizzazione delle verità di un tempo»⁴ conseguente ad una mutazione sociale che rende ardua la possibilità di conciliare le richie-

---

2 E. Hillesum, *Diario. Edizione integrale*, Milano, Adelphi, 2012, p. 725.
3 M. de Certeau, *L'invenzione del quotidiano*, Roma, Edizioni Lavoro, 2005, pp. 27 sgg.
4 –, *La frattura instauratrice*, in *La debolezza del credere. Fratture e transiti del cristianesimo*, Troina (En), Città Aperta Edizioni, 2006, p. 167.

ste della società civile con quelle indebolite dell'istituzione religiosa; vale a dire delle Chiese tutte, non più in grado di proporsi come fondamento e riferimento imprescindibile della vita dei credenti. L'istituzione, osservava, «non definisce più un senso, non è più l'indicativo sociale di una fede. (...) Essa non "tiene" più, dato che non c'è più un'articolazione stretta tra l'atto di credere e dei segni oggettivi». E perciò «i comportamenti religiosi e la fede si separano, o comunque i legami che permangono sono oscuri, spesso drammatici, sempre più ambivalenti e in procinto di spezzarsi. Le parti del sistema si disaggregano».[5] E questo, aggiungo, in una società che può oramai dirsi post-secolare nella misura in cui si è andati oltre la secolarizzazione del patrimonio religioso, che per un certo tempo poté essere riconosciuta come occasione storica per una comune costruzione etica, in vista di una sintesi che, muovendo dalla propria tradizione, si allargasse congiungendosi ad altre tradizioni e culture.[6]

Ma questo esito, che di fatto relega il religioso alla sfera privata, non è solo effetto del prevalere di una dittatura del sociale che non riconosce valore e perciò proprietà e autonomia a tutto quanto non è funzionale alla propria operatività. C'è altresì, almeno per quel che concerne il cattolicesimo, una responsabilità prossima e remota dell'istituzione, che Simone Weil attribuiva al permanere in esso di uno spirito totalitario che aveva secolarmente condizionato i rapporti all'interno della Chiesa,[7] e che nel corso della modernità si sarebbe risolto in scontro frontale con il pensiero critico, come se tra Chiesa e mondo non ci fosse in gioco altro che il predominio ideologico in funzione del controllo sociale. Mentre a preoccupare Weil era piuttosto l'evidente impossibilità del cristianesimo ad incarnarsi in un'epoca la cui tragicità era in definitiva costituita dall'incapacità di trovare «una soluzione armoniosa del problema delle relazioni tra gli individui e la collettività», di cui la guerra in corso era specchio.[8]

È dunque su entrambi i versanti, laico e religioso, che occorre prendere atto di vivere un transito storico che la globalizzazione rende oramai universale. Va da sé che a subirne il contraccolpo sia stato innanzitutto

---

5 —, J.-M. Domenach, *Il cristianesimo in frantumi*, Cantalupa (To), Effatà Editrice, 2010, pp. 30-31.
6 Di particolare rilievo al riguardo è stato il contributo di pensiero e di azione offerto da Pier Cesare Bori (1937-2012), a cominciare dal suo *Per un consenso etico tra culture*, Marietti, Genova, 1991.
7 S. Weil, *Lettera a un religioso*, Milano, Adelphi, 1996, p. 41
8 —, *Attesa di Dio*, Milano, Adelphi, 2008, p. 38.

il legame storico costitutivo dell'Europa cristiana, costretta a misurarsi con una perdita d'identità, a cui la parte di sé reazionaria reagisce oggi con furia iconoclasta, puntando a ristabilire fittiziamente un'identità che è perduta su entrambi i versanti. Sì, l'Europa si sta di nuovo spaccando e il cristianesimo è costretto a riproporsi la questione estrema della propria identità, in una situazione storica che sembra somigliare sempre più a quella in cui l'impero romano aveva imposto la propria angusta visione culturale sulla vasta parte del mondo dominato. Una visione che poneva la grande maggioranza di quell'umanità in balìa di meccanismi di subordinazione spacciati come dono di una civiltà superiore. Allora l'alternativa venne sorprendentemente dalla predicazione di oscuri uomini ai margini dell'Impero, che annunciavano l'avvento di un «tempo della fine» in cui tutti i parametri del vivere mondano mutavano di segno, si rovesciavano.

Ma se così è, dobbiamo prendere atto di vivere oramai un tempo che è *post Christum* in senso inverso rispetto a quello annunciato dall'apostolo Paolo all'inizio del rivolgimento cristiano, quando prediceva la fine dell'Impero romano e con esso dell'intero assetto politico e culturale del mondo tardo-antico. In effetti stiamo vivendo un mutamento che è insieme culturale, religioso, antropologico, sociale, economico, geopolitico, ambientale, opposto a quello iniziato duemila anni fa. Cosicché la domanda intorno all'uomo si pone oggi più che mai in maniera radicale. Come se l'era posta sul finire del secolo scorso Jacob Taubes allorché si chiedeva: «Quale aspetto avrà il diritto, posto che l'ateismo è il nostro destino? Privato del diritto divino l'Occidente dovrà soffocare nel sangue e nella follia, o possiamo noi, da soli, dalla situazione terrestre e mortale dell'uomo, distinguere il giusto dall'ingiusto?». Domanda irrisolta in teoria ma non nella pratica, visto che siamo tornati a legittimare la guerra. Siamo dunque a un cambio d'epoca lungamente maturato che porta con sé molta violenza, molta perdita, molta sofferenza per la gran parte dell'umanità. Un transito in cui non è certo implicato soltanto il cristianesimo tra le religioni, ma in questo caso si tratta della religione che ha secolarmente contribuito in massimo grado alla determinazione della cultura, della società e della politica occidentale, con ricadute importanti sulle altre civiltà.

Ci stiamo lasciando alle spalle, noi europei, la lunga illusione di un'era felice di pace, benessere e progresso in tutti gli ambiti; presto non sapremo più bene chi siamo e cosa fare, ma saremo nondimeno responsabili per come andranno le cose nel mondo, e lo saremo parimenti da laici o da credenti. Tuttavia mi chiedo: questa inversione che è nelle cose già da tempo e che ora si palesa in tutta la sua micidiale incoerenza, potrebbe costituire un punto di svolta piuttosto che di caduta? Un passaggio in cui far valere il desiderio e la volontà di ricercare le strade verso un umanesimo laico ma nutrito dal sentimento vivo della trascendenza, senza il quale il principio del rispetto verso tutti gli esseri umani resta inapplicato.

Il confronto con la realtà, con la sua durezza, dovrebbe portare ad acuire la ricerca del miglior punto di attacco su cui far leva per spostare almeno un poco l'ostacolo, piuttosto che fingere d'ignorarlo oppure buttarsi su di esso a mani nude per potersi poi offrire la consolazione di aver almeno provato a cambiare il mondo. Per cambiare, poco o tanto che sia, occorre comprendere. Meglio, occorre un duplice movimento, l'uno finalizzato a comprendere più a fondo il presente interrogandosi sul passato, l'altro teso a generare futuro sostenendo e orientando le energie positive: bisogni, desideri, aspirazioni. A meno di essere rassegnati all'esistente, credo che il compito sia oggi di apprendere a leggere nella situazione di massimo pericolo l'emergere di capacità reattive, di energie morali, di strategie intellettuali e pratiche che, consapevolmente o meno, prefigurino un altro stato delle cose. E se poi si dovesse giungere alla conclusione che nella situazione data cambiare è assolutamente impossibile, vale ciò che ne concludeva Simone Weil in una situazione parimenti ostile, ci si sarà comunque «rifiutati di subordinare il proprio destino al corso della storia».[9]

Quanto al cristianesimo, a quel che ne sarà di esso in questo moto convulso del mondo, mi chiedo se non sia proprio questo il momento propizio perché i cristiani tornino ad interrogarsi sul proprio linguaggio, e dunque di che cosa si parla quando si parla di fede, di salvezza, di redenzione, di escatologia. E le Chiese tornino ad essere ciò che istituzionalmente non sono più da gran tempo, cioè presenze essenzialmente antimondane, libere cioè dalla presa di questa nuova figura del mondo e perciò in grado di opporre fattivamente il comandamento dell'amore alle nuove coniugazioni dell'impero della forza; che tornino in definitiva a credere che il Regno è in atto nella misura in cui ne è testimoniata la

---

9 –, *Riflessioni sulle cause della libertà e dell'oppressione sociale*, Milano, Adelphi, 1983, p. 130.

realtà. Un cristianesimo altresì deciso a liberarsi dalle ambizioni sulla storia; un cristianesimo dell'uomo qualunque, disponibile, come il mistico, il poeta e l'artista, a fondare l'esistenza esattamente su ciò che gli sfugge.

Nel corso del Novecento – ora possiamo coglierlo chiaramente – alcune figure hanno variamente teso a testimoniare di questa essenziale discontinuità, penso a Buonaiuti, a Mazzolari, a Milani, a Dossetti, a Ivan Illich, a Certeau, fino a Paolo Dall'Oglio, il gesuita sparito giusto dieci anni fa nel gorgo della catastrofe siriana per essersi rifiutato di sottostare a una logica da guerra di religione. E penso che se a sua volta papa Francesco non è caduto nella trappola dello scontro di civiltà, ed appare oggi come l'unica voce autorevole quanto inascoltata che seguita a dire no alla guerra, alle discriminazioni sociali, al respingimento dei migranti, allo sfruttamento indiscriminato della natura, è perché ha messo al primo posto l'annuncio del Regno. Un cambiamento il suo che è ancora tutto da valutare nelle molteplici implicazioni spirituali, morali, sociali; ma che se fosse fatto proprio dal cattolicesimo vorrebbe dire, per una parte almeno dei cristiani, aver ritrovato la forza e la coerenza per rifiutare l'omologazione all'imperium.

Ad analoga consapevolezza e assunzione di responsabilità si giunge attraverso uno scatto morale e conoscitivo. È quel che intendeva Robert Musil quando denunciava nei coetanei l'assenza di sentimenti in grado di attivare i concetti indispensabili per interiorizzare il vissuto o, detto altrimenti, la mancanza di passione verso la realtà intera, per ciò che è. In questo, va da sé, occorre in gran parte farsi maestri a se stessi, cominciando col prendere coscienza della qualità e fermezza del sentimento che muove, quindi del modo di vivere le scelte, la professione, il lavoro, la realtà su cui ci si trova ad incidere. Di fatto il futuro è tracciato dalla somma delle scelte operate da ciascuno in forza del sentimento che ha di sé in rapporto a ciò di cui fa esperienza.

Allora la domanda è: possiamo fare qualcosa d'importante in rapporto alla durezza della situazione presente? Penso di sì, nella misura in cui si cambi sguardo sulle realtà sociali con cui abbiamo a che fare, considerandole meno come occasione di analisi o di intervento, più come situazioni umane da cui apprendere e rendere parlanti. Si tratta di comprendere da dove questa società tecnicizzata è ancora in grado di trarre una sostanza di intelligenza e di sogno, di essere malgrado tutto inventiva e capace di conservare la presa sulla realtà. Si tratta di tenere aperta la circolazione tra la cultura «alta» e quella che si esprime in una molteplicità di circostanze e di reti informali. In definitiva la questione è come la cultura circola in questa società e come renderne il flusso quanto più possibile libero e ricco di contenuto reale. Dunque una concezione della cultura come interscambio piuttosto che come contenuti elaborati separatamente da calare su quanti ne sono sprovvisti. Non più procedimenti unidirezionali, ma, come auspicava Michel de Certeau, «un lavoro da intraprendere su tutta l'estensione della vita sociale» pur prendendosi cura di un particolare ambito, in modo da fare emergere i linguaggi di una cultura plurale. Muoversi in questo senso è difficile, ma l'alternativa è l'acquiescenza.

"GUERRA GLOBALE". FRANCESCO, UNA VOCE DI FEDE E RAGIONE

di Marco Politi

Non è facile pronunciare il termine "guerra globale", ma è esattamente il pensiero di papa Francesco, che ha visto sotto i suoi occhi trasformarsi la guerra in Ucraina, provocata dall'aggressione russa del 24 febbraio 2022, in un conflitto di valenza globale sia per la reale dimensione della contrapposizione tra stati Nato e Russia sia per gli effetti concomitanti di crisi economica, energetica, alimentare. La guerra è un evento sporco, brutale, sanguinoso. Proprio per questo la ricerca della pace non può essere affidata a "narrative" ideologiche, ma va perseguita partendo da un'analisi attenta. E qui vale la pena di richiamare uno dei concetti-simbolo fondamentali di papa Bergoglio: il Poliedro. Chi guarda alla Piramide vede solo il vertice, chi osserva la Sfera è obbligato a considerare ogni punto eguale all'altro. Nel Poliedro invece ogni faccia ha la sua importanza, la sua qualità, la sua storia. L'immagine aiuta a cogliere i vari livelli, in cui si esplica l'impegno di Francesco, ma anche i modi diversificati con cui la sua posizione viene considerato dai protagonisti della politica mondiale. Proprio poche settimane fa l'inviato speciale del papa – il cardinale Matteo Zuppi, presidente della conferenza episcopale italiana – si è recato a Washington per un incontro con il presidente Joe Biden, che lo ha accolto con grande cordialità. Prima di arrivare negli Stati Uniti il cardinale era stato a Kyiv e a Mosca, lasciando per ultima la tappa in Cina. È interessante leggere il comunicato stampa diffuso dalla Casa Bianca il 18 luglio 2023 dopo l'incontro:

> Il Presidente Biden ha espresso i suoi auguri per il continuo ministero di Papa Francesco e per la sua leadership globale…(Presidente e cardinale) hanno anche discusso - aggiunge la nota - dell'impegno della Santa Sede nel fornire aiuti umanitari per affrontare le diffuse sofferenze causate dalla continua aggressione della Russia in Ucraina… (e del)… sostegno del Vaticano per il ritorno dei bambini ucraini deportati con la forza".

Che cosa manca in questo testo? La parola "pace". Che invece è presente nel comunicato pubblicato dal Vaticano, in cui accanto alla "disponibilità a sostenere iniziative in ambito umanitario" si menziona espressamente l'intento di "favorire percorsi di pace.

Nulla è casuale nel linguaggio dei segni della diplomazia. La Casa Bianca non menziona la lettera del pontefice, di cui è stato latore Zuppi, non fa riferimento al desiderio di pace di Francesco e non pubblica nemmeno una foto dell'incontro. Un sottile declassamento. L'intento politico statunitense è chiaro. Il papa si occupi unicamente delle questioni umanitarie e non si immischi nella tematica riguardante la composizione del conflitto. "Sutor ne ultra crepidam", dicevano i latini. Calzolaio, concentrati sulle scarpe! D'altronde durante la visita a Kyiv l'inviato del papa ha sentito il presidente Volodymyr Zelensky sottolineare con forza che l'*"algoritmo per la pace è ucraino"*. (Un larvato accenno alla Santa Sede perché non si immischi con proprie proposte di soluzione).

Le prese di posizione di Washington e di Kyiv fanno riflettere. Nella storia recente mai il Vaticano è stato così isolato in quello che possiamo chiamare "emisfero-Nato". Se si guarda a Washington, Londra, l'Unione europea, non ci si può nascondere il netto isolamento di Francesco. Da oltre cinquecento giorni tra gli stati Nato e la Santa Sede le linee sono divaricate.

Nell'area Nato la narrativa sistematica è che la Russia è un aggressore da trattare da paria. Per di più nel corso del 2022 si è passati dall'obiettivo della "difesa" dell'Ucraina a quello della "vittoria". Con un tono pressante, rivolto agli stati del mondo, che non lascia scelta: o si sta dalla parte dell'ordine internazionale oppure si è seguaci di Mosca.

Francesco si è sottratto a questo imperativo ossessivo. Ha tenuto e continua a tenere la Santa Sede al di sopra delle parti, secondo una linea che riecheggia la posizione di papa Benedetto XV durante la Prima Guerra mondiale, da lui definita una "inutile strage".

I motivi di questa strategia sono sostanzialmente due: la memoria storica della Santa Sede e la visione globale tenuta costantemente presente dai pontefici "politici" in oltre mezzo secolo. (Mi riferisco a Giovanni XXIII, Paolo VI, Giovanni Paolo II e Francesco. Joseph Ratzinger fa eccezione in quanto teologo di primo piano ma non uomo di governo geopolitico). Il primo motivo della strategia geopolitica di Francesco nel caso dell'Ucraina risiede nella caratteristica della diplomazia vaticana, che è uno scrigno di memoria. La Santa Sede non vive di twitter, sondaggi o di momentanei sussulti social. Ricorda. Non dimentica il delirio con cui è iniziato il secolo XXI: l'uso della forza basato sulla convinzione di poter esportare la democrazia con la forza, i disastri provocati dalla politica statunitense in Iraq e Afghanistan. La rinomata rivista scientifica «Lancet» ha documentato che tra il 2003 e il 2006 in Iraq sono stati registrati 650.000 morti in eccesso rispetto al periodo di pace. Per quanto riguarda l'Ucraina il New York Times riferisce di 500.000 militari tra morti e feriti di entrambe le parti. Al 30 giugno 2023 l'Onu contava 9.000 vittime civili, includendo quelle delle zone occupate dai russi. La memoria della diplomazia vaticana conteggia anche le 370.000 vittime registrate in sette anni di guerra civile nello Yemen. In nessun momento papa Francesco ha smesso di prestare attenzione a quella che sin dall'inizio del suo pontificato ha chiamato una "guerra mondiale a pezzetti". Ma l'invasione russa del febbraio 2022 ha portato chiaramente ad un salto di qualità – in negativo – sulla scena mondiale. Per questo il 25 febbraio il pontefice si è recato subito a colloquio con l'ambasciatore russo Aleksandr Avdeev allo scopo di perorare uno stop all'iniziativa militare. Francesco ha intuito immediatamente la gravità straordinaria dell'aggressione russa. Parte da allora il suo impegno sistematico per riportare la pace in Europa orientale. E qui va chiarito che Francesco si considera un uomo di pace, non un pacifista. Niente a che vedere con un generico buonismo. Si potrebbe dire che si muove secondo *Fides et Ratio* (per riecheggiare una enciclica di Giovanni Paolo II). Secondo i valori evangelici e secondo una lucida razionalità geopolitica. Secondo i valori del Vangelo, che esigono "costruttori di pace" e promotori di riconciliazione, e secondo un'analisi laica e razionale della realtà. Rifiutando ingenuità e parole d'ordine a senso unico. Quando Francesco afferma che la storia del conflitto russo-ucraino "non è la favola di Cappuccetto Rosso" pone in evidenza le radici molteplici dello scontro, gli interessi di potenza dell'Est e dell'Ovest che hanno portato ad una guerra che poteva essere evitata.

Ci troviamo qui di fronte al secondo elemento della posizione del papa. La visione globale di Francesco lo porta a cogliere gli stati d'animo dell'opinione pubblica mondiale e a mettersi in sintonia con essa. Si tratta del sentire di stati che rappresentano la maggioranza della popolazione del pianeta. La visione globale di Francesco si evidenzia in vari punti. Possiamo elencarli.

A. Le guerre hanno dei responsabili e contemporaneamente hanno delle radici. Francesco ha denunciato a parole chiare le responsabilità russe. Ha parlato di *"Uccisioni folli…massacri…stragi…atrocità…"*. Praticamente in ogni apparizione pubblica ricorda la "martoriata ucraina". Ha baciato in pubblico la bandiera di Bucha, la località di un primo massacro russo. E al tempo stesso – e qui si torna al metodo del poliedro – ha rammentato l'"abbaiare della Nato" alle porte della Russia. È un dato di fatto l'espansione della Nato a est dopo il crollo dell'Unione sovietica ed è documentato che nel novembre 2021 il presidente russo Vladimir Putin chiese che fosse garantito per iscritto che né l'Ucraina né la Georgia sarebbero entrate a far parte dell'Alleanza atlantica. La Nato rifiutò. Il senatore americano Bernie Sanders si è chiesto all'inizio del conflitto: se il Messico entrasse in un'alleanza militare con una potenza straniera (la Cina, potremmo dire), gli Stati Uniti lo accetterebbero? Non c'è bisogno di cercare a lungo la risposta. La storia della crisi di Cuba nel 1962 è lì a testimoniare che i problemi degli interessi di sicurezza delle potenze sono una realtà e si possono anche risolvere – se si vuole. Ecco perché la Santa Sede sin dall'inizio del conflitto ha messo in luce la necessità di lavorare per la pace, tenendo conto delle "legittime preoccupazioni di sicurezza" delle parti.

B. Questa è una guerra con carattere globale. Francesco lo ha esplicitato presto, usando il termine di guerra mondiale. Proprio per il suo irraggiarsi a livello planetario con la crisi energetica, economica ed alimentare. Non si tratta più di una guerra tra Russia e Ucraina. Il politologo statunitense Ian Bremmer ha dato una definizione precisa: si tratta di una "guerra ibrida tra Nato e Russia".

In questa situazione – e va sottolineato – il presidente statunitense Biden si è mosso in maniera razionale. Passo per passo. Ha fornito all'Ucraina in una prima fase soltanto armi difensive, ha rifiutato di istituire nei cieli ucraini una No-fly-zone (che avrebbe portato a uno scontro immediato tra aerei Nato e arerei russi), ha fornito solo gradualmente missili terra-aria, ha esitato di fornire subito gli aerei F-16. Tutto per evitare una escalation incontrollata.

Tuttavia il segretario alla Difesa statunitense Lloyd Austin ha anche dichiarato: *"Vogliamo vedere la Russia indebolita al punto di non poter fare il tipo di cose che ha fatto con l'invasione dell'Ucraina"*. Dal canto suo il primo ministro ucraino Denys Smyhal ha affermato che la Russia dovrà essere smilitarizzata e denuclearizzata. Sono parole che vanno soppesate.

Che cosa significa, infatti, volere una Russia "indebolita" al punto di non potere più ripetere un'aggressione come quella attuata contro l'Ucraina? Qualcuno può immaginare che la Cina lascerà che la Russia venga spezzata affinché poi Stati Uniti e Nato si muovano contro la Cina stessa? Il gioco geopolitico non permette scenari ingenui o irresponsabili. Ecco allora la razionalità di Francesco, che ammonisce a non fermarsi a ragionare in termini di blocchi militari. La crisi, dice il pontefice, non si risolve restando intrappolati nello schema della competizione tra blocchi. Non si risolve con la corsa continua al riarmo. Non si risolve – secondo la felice definizione bergogliana – "mostrando i denti".

C. Un terzo punto preoccupa Francesco. Il diffondersi del veleno dell'odio. Il Vaticano ha assistito da vicino, durante il pontificato di Giovanni Paolo II, al devastante diffondersi di un odio interetnico. Bergoglio ripudia le frasi deliranti di Putin o di Dmitri Medvedev (vicepresidente del consiglio di sicurezza russo) sulla distruzione dello stato ucraino. Ma è accettabile per uno stato candidato ad entrare nell'Unione europea – come l'Ucraina – che siano vietati per decreto i libri, il teatro, l'opera, i balletti, i dischi russi? Sono accettabili le pressioni per togliere al clero ortodosso legato al patriarcato di Mosca chiese e antichi monasteri? È concepibile la protesta ucraina perché il premio Nobel per la pace del 2022 è stato consegnato anche a dissidenti bielorussi e russi? Quando il 7 dicembre 2022 è andata in scena alla Scala di Milano l'opera "Boris Godunov", gruppi ucraini chiesero di annullare la rappresentazione, alla cui prima erano invitati il presidente della Repubblica Sergio Mattarella, la premier Giorgia Meloni, la presidente ella commissione Ue Ursula Von der Leyen. In quell'occasione fu risposto chiaramente dalla premier Meloni: "Non ce l'abbiamo con il popolo russo, con la cultura russa". La stampa britannica ha rammentato che durante la Seconda Guerra Mondiale nell'Inghilterra, impegnata a combattere contro Hitler, a Londra si continuavano ad eseguire le musiche di Wagner. L'ondata di odio che caratterizza la guerra ucraino-russa prova preoccupazione e tristezza in Francesco. La rabbia, la voglia di uccidere il nemico che ti attacca sono concepibili in una guerra, ma quello che va in scena in questo conflitto è un odio etnico, devastante. "Bisogna liberare i cuori dall'odio", ha dichiarato il pontefice durante un colloquio con i confratelli gesuiti in Kazakhstan. Per questo Francesco rompe con i dettami della propaganda che alimenta l'odio etnico. Per queste insiste sempre a parlare della sua vicinanza al dolore delle mamme ucraine e delle mamme russe, vicino all'angoscia delle vittime in entrambe le nazioni.

D. In questo scenario quale deve essere il ruolo delle Chiese? Non certo quello di allinearsi ai nazionalismi. Il patriarca di tutte le Russie non può essere il chierichetto di Putin, ha detto Francesco al patriarca Kirill. D'altronde, come ha sottolineato l'Osservatore Romano, il ruolo del pontefice non è quello di essere "cappellano dell'Occidente". Le Chiese non devono lasciarsi trascinare nella spirale dell'odio e dell'inimicizia. In questo senso la Santa Sede ha valutato positivamente la decisione del Consiglio mondiale delle Chiese di non espellere il Patriarcato ortodosso russo come era stato chiesto da alcuni su pressione dell'Ucraina. Non ci si può nascondere che le posizioni di Francesco hanno posto più volte il Vaticano in contrapposizione con il governo di Kyiv. La parte ucraina nel 2022 si è opposta duramente al fatto che su decisione del papa durante la Via Crucis al Colosseo una donna ucraina e una donna russa reggessero insieme la croce processionale. L'Osservatore Romano decise alla fine di non pubblicare la foto dell'evento in prima pagina. Spesso in questa stagione la diplomazia di Kyiv ha aggredito il pontefice. Alla Giornata mondiale della gioventù non si è potuto realizzare un incontro tra i giovani fedeli ucraini e i loro coetanei russi. Parlando dei tentativi di mediazione del papa e del suo desiderio di incontare Putin – oltre naturalmente a Zelensky – il segretario del Consglio nazionale di sicurezza ucraino Oleksy Danilov ha dichiarato: *"Se il Papa è pronto a stringere la mano all'assassino di 500 bambini ucraini, allora qualcosa di brutto e anticristiano sta sicuramente accadendo in questo mondo"*... Non mancano d'altra parte tensioni anche fra il Vaticano e la Chiesa greco-cattolica d'Ucraina.

La Guerra sta continuando inesorabilmente. Il gioco è duro. È in corso un rimescolamento planetario. Certamente la Russia ha perso la guerra per quanto era nei suoi programmi nel febbraio 2022. Non ha conquistato Kyiv, non ha rovesciato Zelensky, non ha ottenuto un cambio di regime in Ucraina. Durante il primo anno di guerra si è visto un esercito pieno di soldati non motivati, impreparati, incapaci, contraddistinti da un miserabilismo di comportamento, la guida tattica e strategica dell'esercito russo è stata contrassegnata da fallimenti, il livello di azione militare e del controspionaggio non è stato all'altezza di un paese che si considera una grande potenza. Inoltre la fuga all'estero di centinaia di migliaia di russi ha reso evidenti grandi falle nel fronte interno, segno non solo di un'opposizione alla scelta di invadere l'Ucraina ma soprattutto di un legame corroso tra società e dirigenza politica e istituzionale.

Al di là delle apparenze la disastrosa invasione ha dato un duro colpo alla leadership di Putin. Nei regimi autocratici i contraccolpi non si vedono né si verificano subito, ma ci sono molte somiglianze con ciò che avvenne nel 1905 quando la Russia zarista, riconosciuta sino a quel momento come potenza europea di primo piano, fu duramente scossa dalle sconfitte nella guerra russo-giapponese. Dopo oltre cinquecento giorni si ripropone la domanda: ha senso proseguire il massacro in atto? Il segretario dell'Onu Antonio Guterres ha affermato giustamente che se nella Prima Guerra mondiale le potenze scivolarono da sonnambuli nel conflitto, oggi si va verso la catastrofe "a occhi aperti". Mai come adesso risulta lucida la frase di Benedetto XV sull' "inutile strage". La linea di Francesco è questa: partire da un cessate il fuoco per negoziare una soluzione definitiva. La missione del cardinale Zuppi, tesa a individuare "percorsi di pace", ha questo scopo. Non è un discorso moralistico quello del pontefice. Al contrario nasce da un senso di concretezza. Già nel 2022 l'Accademia pontificia delle scienze sociali aveva elaborato una proposta precisa, pubblicata dall'allora presidente professore Stefano Zamagni. Il piano prevedeva un cessate il fuoco seguito dall'apertura di negoziati, neutralità dell'Ucraina, garanzie internazionali per la sua indipendenza e integrità territoriale, autonomia amministrativa, economica e culturale per il Donbass (uno status speciale tipo Alto-Adige), congelamento della situazione in Crimea da lasciare ad un negoziato fra le parti, creazione di un fondo internazionale per la ricostruzione dell'Ucraina a cui avrebbe partecipato la Russia, ritiro delle truppe russe e ritiro delle sanzioni inflitte a Mosca. Se si vuole, c'è materia per negoziare.

In conclusione non si può evitare una domanda di base: cosa muove la tenacia e la testardaggine di Bergoglio nel perseguire una linea che non corrisponde alla narrativa di una "vittoria" da conseguire? La riposta sta nell'orizzonte internazionale del pontefice argentino. Cè un nuovo mondo che si fa avanti. Il Financial Times di Londra ha scritto che il G7 deve rendersi conto che "non può governare il mondo". Il vecchio assetto centrato sull'Occidente (Usa, Canada, Gran Bretagna, Francia, Italia, Germania più il Giappone) non può più dettare legge. Avanza il Sud Globale. L'India ha ormai un prodotto lordo che supera la Gran Bretagna. Al G20 Cina, Brasile, Argentina, India, Arabia saudita,

Sudafrica, Messico, Indonesia…rappresentano una massa politica che non intende arruolarsi né sotto l'una né sotto l'altra bandiera del conflitto. Non vogliono! Chiedono di chiudere il conflitto. Henry Kissinger osservava già anni fa che l'Occidente deve smettere di credere di poter fare il maestrino rispetto agli altri paesi. Nathalie Tocci, direttrice dell'Istituto Affari Internazionali, ha fatto notare recentemente che sarebbe pericoloso immaginare "West versus Rest", l'Occidente contrapposto al resto del mondo. Alla riunione del G20 in Indonesia nel novembre 2022 (con la partecipazione del ministro degli esteri russo e, in video, del presidente ucraino) il documento finale mostrava già una diversificazione di posizioni. Non conteneva una condanna della Russia, limitandosi alla riaffermazione delle prese di posizione nazionali, compresa la risoluzione Onu del 2 marzo 2022 (141 sì, 6 no. 35 astensioni, 12 assenti) che deplorava in termini netti l'aggressione della Russia all'Ucraina, chiedendo il ritiro incondizionato delle sue truppe.

Alla riunione di Gedda (con la partecipazione dell'Ucraina, senza la Russia) è stato riaffermato il principio dell'integrità dei confini, ma è stato anche chiesto uno sforzo di ricerca della pace. Precisamente in queste ore del 23 agosto 2023, mentre siamo riuniti al convegno di San Gimignano, il gruppo dei Brics (Brasile, Russia, India, Cina, Sudafrica) decide l'allargamento a nuovi paesi: Iran, Arabia Saudita, Emirati Arabi Uniti, Argentina, Egitto ed Etiopia. C'è una voglia di "non allineamento" all'egemonia occidentale. Si discute di una moneta alternativa al dollaro. Rispetto a queste spinte la diplomazia della Santa Sede è tutt'altro che isolata. Francesco si riconnette ad un trend planetario. Anche per quanto riguarda l'Ucraina qualcosa si muove sotto la crosta dell'apparente immobilismo. Negli Stati Uniti il 55 per cento dei cittadini è contrario a nuovi finanziamenti all'Ucraina. L'82 per cento dei Democratici esprime preoccupazione per la prosecuzione della guerra, anche il 73 dei Repubblicani si dichiara preoccupato. In Francia l'ex presidente Nicolas Sarkozy ha rotto un tabù, affermando che bisogna trattare con la Russia, accordandosi sulla neutralità dell'Ucraina e sapendo che Mosca manterrà la Crimea. Nella Nato stessa si discutono scenari in base ai quali la Russia manterrebbe i territori del Donbass, accettando in cambio l'ingresso dell'Ucraina nella Nato. In Italia è noto che la maggioranza della popolazione e del mondo imprenditoriale desidera la fine del conflitto. Due giorni fa (21 agosto 2023) il papa ha ricevuto in udienza il generale Mark Milley, capo dello stato maggiore congiunto statunitense. "La profondità di conoscenza degli eventi mondiali da parte del papa è piuttosto impressionante", ha dichiarato il generale, aggiungendo che Francesco era molto interessato ad ascoltare le sue opinioni sull'andamento del conflitto. "Profeta non è chi predice leggendo le carte, ma chi è capace di cogliere i segni dei tempi", ha detto l'arcivescovo Rino Fisichella, pro-prefetto del dicastero per l'Evangelizzazione. I segni dei tempi... è questo il nocciolo della vicenda. Francesco nel pieno del conflitto ha posto la questione di un nuovo ordine mondiale: nuove regole per governare il pianeta. Francesco è molto realista. Sa che il mondo non può più essere regolato secondo l'asse Nord come ai tempi dell'equilibrio del terrore fra Usa e Urss. La scena internazionale è diventata molto più complessa, poliedrica, emergono stati insofferenti a vecchie e nuove egemonie. Per questo Francesco insiste su un nuovo ordine basato su regole concordate tra tutti i protagonisti della scena internazionale. Il papa ha rifiutato di arruolarsi nella guerra ibrida tra Nato e Russia ed è rafforzato dal fatto che chiedere al Sud Globale di arruolarsi è antistorico. Serve invece, secondo il pontefice, un nuovo patto che coinvolga il Sud Globale. Una Nuova Helsinki. L'accenno al grande accordo del 1975 tra i paesi Nato e quelli del Patto di Varsavia ha una sua profonda ragione storica. Non soltanto assicurò pace e cooperazione, ma con il procedere degli anni favorì i cambiamenti in Unione sovietica e in tutta l'area sottoposta all'egemonia sovietica. Un Nuovo Patto di Helsinki del XXI secolo sarebbe indirizzato a realizzare rapporti pacifici e di cooperazione globale. Credo che in questo senso Francesco abbia uno sguardo lucidamente profetico. L'era di una egemonia unica sul mondo non è più sostenibile. Si tratta di riorientare il pianeta su un ordine concordato di convivenza e cooperazione. Vorrei chiudere con le parole del Segretario di Stato vaticano cardinale Pietro Parolin, pronunciate nella sede della prestigiosa rivista Civiltà Cattolica nel corso di un evento a cui era presente anche la premier italiana Meloni: *"L'unica soluzione realista è il negoziato...La soluzione dei conflitti non giunge polarizzando il mondo tra chi è buono e chi è cattivo...La Santa Sede dialoga con tutti e crede nel multilateralismo"*

CON AMLETO PER UN NOSTRO DIVERSO IMPATTO ECOLOGICO E SOCIALE

di Stefania Lombardi

Abstract

Nel corso degli anni Beppe Carrella ha scritto saggi di orientamento manageriale partendo dalla grande letteratura e ottenendo grandi risultati. Per questo motivo, partire dalla grande letteratura, come pure dalle arti, può essere un modo per *ri-pensare* e *ri-pensarci* anche a livello d'impatto sul nostro pianeta. Non solo cercando di comprendere a fondo il fortunato libro *Sapiens* di Harari ma partendo soprattutto da classici come *Hamlet* di Shakespeare. Le continue interrogazioni sull'uomo e sulle sue capacità volte alle maggiori altezze e alle peggiori bassezze – e che ricordano un po' il mito della biga di Platone – presenti nei vari soliloqui di questo celebre dramma del bardo sono esaminate, nel corso della trattazione, per comprendere il nostro impatto ecologico e sociale in modo da poter intervenire sul nostro modo di porci nei confronti dei simili e della natura; non tanto dissimile da quanto descritto nella nota tragedia e condensato con la celebre massima: *"C'è qualcosa di marcio in Danimarca!"*

Alla domanda principale che si pone la *Summer School on Religions*, 2023 nel suo trentesimo e conclusivo anno, d'istinto, molti tra noi, a parte qualcuno, ovviamente, potrebbero rispondere *sì*, ovvero: la letteratura, la religione, la filosofia, le arti e le scienze ci salveranno dall'estinzione.

Questo *sì* è, ovviamente, una speranza. Bisogna vedere se questa speranza è accompagnata da solide basi. A mio avviso, la speranza non è mai vana ma va comunque nutrita e supportata con delle azioni concrete. Tornando alla domanda di questa trentesima e trentennale *Summer School*, ci siamo chiesti cosa possono fare la letteratura, la religione, la filosofia, le arti e le scienze.

Occorre chiederci cosa possono avere in comune queste discipline tra loro: il richiamo a principi universali. Il richiamo ai principi universali è in toto per le religioni in generale, e specifico per alcune arti, letteratura e scienze. La filosofia resta trasversale.

Per quanto concerne la resistenza al tempo, le religioni hanno una grandissima esperienza di longevità. Arti, letteratura e scienze partono sempre dal loro imprescindibile e particolare periodo storico e solo pochissime tra esse trascendono e abbracciano quei principi universali propri della religione, ma anche della filosofia che ci arriva per vie molto differenti rispetto alla religione.

Nel caso specifico e particolare delle scienze non va sottovalutata l'etica che deve accompagnare ogni ricerca. Un esempio fra tutti è la bioetica che parte dall'imperativo categorico kantiano[1] di trattare tutti come fini e non come mezzi. Scienziati e non scienziati, tutti noi, quando trattiamo gli altri come fini e non come mezzi, siamo vicini a quei valori universali presenti nelle religioni e, in modo diverso (e, a volte, opposto), presenti nella filosofia in generale, nonché in quelle arti, scienze, letteratura che resistono al tempo e abbracciano, appunto, i principi universali. La scienza, ad esempio, come tutte le cose, non è buona o cattiva, ma dipende dall'utilizzo che ne facciamo. Un esempio fra tutti ci viene in aiuto da quel che accadde con il progetto Manhattan, di cui era a capo lo scienziato Oppenheimer, di cui si parla in un recente film di Nolan[2] del 2023 e che prende spunto dal libro/biografia

---

[1] Possiamo trovare approfondimenti nella definizione di bioetica fatta da Wikipedia a questo link: https://it.wikipedia.org/wiki/Bioetica, ultima visita del sito web il 7 gennaio 2024.

[2] https://it.wikipedia.org/wiki/Oppenheimer_(film), ultima visita del sito web il 7 gennaio 2024. In questo film, a mio avviso, c'è Nolan al massimo grado e si spinge a interrogarsi fino alla nostra sopravvivenza stessa su questo pianeta. Sullo sfondo la celebre frase di Oppenheimer: "Adesso sono diventato Morte, il distruttore di mondi". Citazione più celebre (e più fraintesa) della Bhagavadgītā che, nel film, Oppenheimer traduce dal sanscrito alla fidanzata (e poi amante) Jean Tatlock, complicatissima psichiatra comunista, la donna che il donnaiolo Oppenheimer ha amato più di ogni altra donna, compresa la moglie paziente, comprensiva e altrettanto complicata. Frase che storicamente (e anche nel film), pronuncerà nuovamente a seguito del *Trinity test* e dei successivi lanci effettivi delle bombe atomiche. Si darà la colpa anche del suicidio/omicidio di Jean Tatlock e anche lì la moglie Katherine Puening resterà sempre al suo fianco nel loro difficile e tormentato matrimonio. Nella scena del suicidio di Jean Tatlock con barbiturici si vede poi una mano con guanto nero che l'aiuta dando una voce anche alle varie teorie complottiste dell'assassinio a opera dei servizi segreti; quella mano, tuttavia, può essere anche quella di Oppenheimer nella sua rievocazione perché si sentiva in colpa per non esserle stato abbastanza vicino e per questo si sentiva responsabile di quel gesto. Quel ricordo è a colori come ogni ricordo/visione di Oppenheimer. Se nel linguaggio cinematografico solitamente i colori sono riservati al presente e il bianco e nero al passato, in questo film di Nolan, invece, rappresentano due prospettive: quella a colori di Oppenheimer che vede la complessità e la bellezza del reale; quella in bianco e nero dell'antagonista (villain nel film) Lewis Strauss, limitata a due categorie e che non coglie l'insieme. Interessanti tutte quelle immagini a colori e dense di energie e di vita e che contemplano l'universo nella visione di Oppenheimer, che mutano poi, dopo le bombe, in immagini di gente che si disintegra e che vomita perché la morte ha invaso la vita. E non dimentichiamo anche chi viveva nelle vicinanze di Alamogordo che vide lo svolgersi del *Trinity test* il 16 luglio 1945, nel Nuovo Messico.

Fu fatta esplodere una bomba di prova, denominata *The Gadget*. Quelle persone, i residenti del posto, hanno dovuto fare i conti con morte e distruzione per le conseguenze del *Trinity test*, cosa che nel film non è detto esplicitamente ma s'intuisce dato che la celebre frase è pronunciata in quel momento; quindi, non solo per le due bombe sganciate sul Giappone; si affronta anche il tema dell'autodistruzione. Non sono un caso, infatti, nel film, le citazioni iniziali e finali (modello cerchio che si chiude) di Prometeo condannato per l'eternità per aver donato il fuoco agli uomini: elemento di salvezza ma anche di distruzione e auto-distruzione. Il nome *Trinity* viene da una poesia di John Donne (nel film si vede Oppenheimer che la recita), autore molto amato da Jean Tatlock (c'è sempre lei, alla fine, in molti aspetti della vita del protagonista). Quel *quasi zero* di probabilità che le reazioni possano distruggere il mondo tormenta i protagonisti del film e tormenta noi perché sappiamo che *quasi zero* non è zero e che il rischio zero non esiste, è un astratto, e che la teoria, come detto più volte nel film, arriva fino a un certo punto. Ma quel *quasi zero* è un monito perché tutti siamo diventati distruzione del pianeta o, quantomeno, delle forme di vita, compresa la nostra, attualmente esistenti sul pianeta. Questo *leitmotiv* è potente, come l'impegno sociale e politico di Oppenheimer; un personaggio impegnato a tutto tondo, interessato al sociale e, in questo senso, andavano viste le simpatie comuniste che, però, l'hanno portato a quel processo a porte chiuse dell'AEC, centrale in tutto il film, perché William L. Borden, direttore esecutivo della Commissione congiunta del Congresso degli Stati Uniti sull'energia atomica dal 1949 al 1953, scrisse una lettera al capo dell'FBI, J. Edgar Hoover, molto potente all'epoca. Senza fornire prove specifiche, nella lettera segnalava che "molto probabilmente" Oppenheimer era una spia dell'Unione Sovietica. La lettera fu uno dei primi passi verso la citata indagine del 1954 che avrebbe portato Oppenheimer a perdere le autorizzazioni di sicurezza. Nel film è interpretato da David Dastmalchian. Nella finzione cinematografica il tutto è ordito da Lewis Strauss, dipinto quasi come Mefistofele e il cui astio nei confronti di Oppenheimer ricorda molto quello di Salieri nei confronti di Mozart nel film *Amadeus*: un uomo piccolo che interpreta tutto secondo il suo metro e non è in grado di cogliere la grandezza, soprattutto morale, degli scienziati che lo circondano. Preoccupato della sua reputazione e di cosa questi scienziati possano dire di lui e non si accorge che le persone, il cui giudizio teme, sono troppo occupate per le sorti dell'umanità per occuparsi di lui. Un personaggio magistralmente interpretato da Robert Downey Jr. e che si spera sia stato un po' diverso nella realtà. Un conto sono le antipatie per Oppenheimer, persino la sua voglia di distruggerlo, altro è la figura/macchietta (eppur mefistofelica) che ne viene fuori nel film. Il *padre* della bomba a idrogeno, Teller (anche lui dentro il progetto Manhattan), testimoniò contro Oppenheimer e la comunità scientifica non glielo ha mai perdonato perché vedeva in Oppenheimer una vittima del maccartismo; la figura di Oppenheimer, infatti, è stata riabilitata solo di recente, sebbene da quel processo a porte chiuse dell'AEC non è scaturita una condanna per spionaggio ma, tuttavia, è scaturita l'esclusione da ogni segreto di Stato. Nel film sentiamo il nome di Kennedy, all'epoca ancora sconosciuto, e che vota contro Strauss. Kennedy è stato il vero fautore di quanto accaduto a Oppenheimer nel 1963: il presidente Johnson gli attribuì il premio Enrico Fermi (Fermi era morto nel 1954, anno dell'indagine su Oppenheimer) della Commissione per l'Energia Atomica (sì, la celebre AEC), in una sorta di riabilitazione di Oppenheimer che restava, tuttavia, escluso da ogni segreto. Nel film questi fatti vengono presentati in un futuro narrato da Einstein, come celebrazioni di chi fu, di Oppenheimer che diventa passato, come lo era Einstein in tutto il film. Nel film si vede che in quel momento dal titolo: *Robert Oppenheimer, il padre della bomba atomica* di Kai Bird e Martin J. Sherwin, del 2005.

Siamo tutti a conoscenza dell'opposizione di Albert Einstein all'utilizzo militare del nucleare. Siamo, tuttavia, anche a conoscenza della crisi di coscienza di Oppenheimer stesso perché quei principi universali possono giungere a noi in qualsiasi momento e in qualsiasi forma. In tutto questo, stiamo dando per scontato che questi principi siano "salvifici" perché volti a un fine più alto e che riguarda l'umanità nel suo insieme. Eppure, non è detto che l'umanità possa esserne pregna e/o comprenderli. Per questo occorre interrogarci su cosa accade quando l'umanità nel suo insieme non è in grado di coglierne la portata e/o l'opportunità.

Se in questa ultima *Summer School on Religions* stiamo affrontando, appunto, il tema dell'estinzione è proprio perché questi principi non sono arrivati a toccare

---

Teller cerca una riappacificazione ma la moglie di Oppenheimer si rifiuta di stringergli la mano. In quel momento la moglie di Oppenheimer rappresenta la comunità scientifica e la coscienza morale. Nel film son tracciati delicatamente i suoi problemi con l'alcolismo (motivo per il quale il primo figlio di Oppenheimer starà per un po' di tempo dall'amico Chevalier; il celebre *caso Chevalier* del film, legato a questioni politiche); è presentata, piuttosto, come unica voce in grado di dire le cose come stanno, sempre. Ha una forza che gli altri non hanno. Più "pragmatica" rispetto al marito idealista. E anche capace di comprendere i significati delle cose, esattamente come accade quando il marito, più volte, nel film, le dirà di "prendere le lenzuola" (*Take in the Sheets*). Frase dal duplice significato: riferimento letterale ai fogli usati per ripulire le conseguenze del *Trinity test*; i fogli erano impregnati di materiale radioattivo e necessitavano di essere maneggiati e smaltiti con cautela. Inoltre, la frase ha anche un significato più simbolico e profondo perché è un riferimento al peso del senso di colpa che Oppenheimer ha provato dopo il test. Infatti, era cosciente di quanto potenziale avesse la bomba per distruggere il mondo ed era perseguitato, come sappiamo, dal pensiero di ciò che aveva contribuito a creare. Nelle varie interpretazioni in merito ricordiamo quelle che vedono nella frase il costo fisico ed emotivo che lo sviluppo della bomba atomica ha avuto su Oppenheimer e sui suoi colleghi. Rappresenta anche una metafora della colpa di Oppenheimer dopo che la bomba è stata sganciata in Giappone. Inoltre, ricorda a tutti noi il potere distruttivo della bomba atomica e la responsabilità che abbiamo tutti di usare con saggezza l'energia nucleare e qualsiasi avanzamento scientifico che, come il fuoco, può essere vita ma anche morte. La scienza non è buona o cattiva: dipende tutto dall'uso che ne facciamo. Nolan ha sottolineato di aver voluto che nessuna scena fosse girata in CGI. Perfino le immagini delle esplosioni sono state realizzate con effetti speciali fisici, non digitali. In tal modo siamo più vicini alla visione di Oppenheimer e della tragedia imminente, ricordando sempre quel *quasi zero*. Un film di grande impatto visivo ed emotivo e che porta a meditare e riflettere come non mai; un film per chi vuol rivedere tanti fisici e tanti premi Nobel tutti assieme, da Fermi a Einstein (e molti altri). Un film, a mio avviso, da rivedere per cogliere a fondo tutti gli aspetti e i messaggi consapevoli e inconsapevoli che lancia una mente del calibro di Nolan.

le corde di tutti noi. Occorre una sorta di "alfabetizzazione umanista"[3] secondo una terminologia utilizzata dalla giornalista Sara Chessa.

Si sta dando per scontato che questi principi siano "salvifici" perché mirano a una "permanenza" nel tempo. "Permanere" è un bellissimo termine utilizzato dal Prof. Guido Traversa[4] quando descrive la figura di Giobbe nella sua relazione con Dio. Sembra quasi che questo "permanere" nel tempo e nella relazione sia la forza, oltre che la debolezza di Giobbe, nonché la sua "salvezza".

La nostra interrogazione deve vertere a quando sono proprio le istituzioni a tradire quei principi universali. Utilizzando un termine hegeliano, quel che possiamo fare è cercare quei principi in quelle che sono le *comunità etiche* della società civile.

> Ricordiamo che dal "Sistema dell'eticità" a "Filosofia dello spirito jenese" il giovane Hegel delinea tre gradi del processo di riconoscimento e a cui corrispondono vari momenti d'identità personale: quello delle relazioni primarie che vanno dai rapporti d'amore a quelli d'amicizia; quello delle relazioni giuridiche in cui, il singolo, in senso kantiano, diviene autonomo e guadagna rispetto di sé; quello della comunità etica dove il soggetto è riconosciuto per il suo valore sociale, ovvero per il suo personale apporto alla società e acquista stima di sé. Il desiderio si configura pertanto come desiderio di riconoscimento e avviene attraverso tre gradi che sono in egual misura importanti per lo sviluppo dell'identità umana; le lotte avvengono anche quando si pone l'accento solo su uno o due dei tre gradi indicati; se uno o più di questi gradi indicati si contrappongono a un altro avremmo nuovamente una Antigone (relazioni primarie e comunità etica) contro un Creonte (relazione giuridica)[5].

Ad esempio, nel caso di Assange, è la coscienza critica della società civile che sta facendo qualcosa in virtù di quei principi universali cui, le istituzioni *in primis*, ma non sempre accade, dovrebbero tener da conto.

Ad esempio, quale membro della società civile/*comunità etica*, Nils Melzer, ex relatore speciale delle Nazioni Unite sulla tortura e altre punizioni o tratta-

---

3   S. Chessa, *Distruggere Assange. Per farla finita con la libertà d'informazione*, Castelvecchi Editore, Roma, 2023.

4   G. Traversa, *L'identità in sé distinta. Agere sequitur esse*, Editori Riuniti Univ. Press, Roma, 2012.

5   S. Lombardi, *Il desiderio costruttore d'identità; tra Hegel, autori letterari e rappresentazioni cinematografiche*, in *Quaderni di Dialettica e Filosofia*, pubblicati a novembre 2014. Link non più disponibile da giugno 2023 per un rinnovamento della rivista che prevede l'inserimento del pregresso in un archivio che è ancora in fase d'ideazione.

menti crudeli, disumani o degradanti, nonché professore di diritto internazionale all'Università di Glasgow, si era già pronunciato in questo modo:

> Il mio messaggio più importante è che, in ultima analisi, il processo ad Assange non riguarda realmente Julian Assange. Riguarda l'integrità delle nostre istituzioni costituzionali e, quindi, l'essenza della 'repubblica' nel significato originario del termine. In gioco c'è niente di meno che il futuro della democrazia[6].

Sempre Melzer sostiene:

> È evidente che oggi Assange non è un nemico degli Stati Uniti o di qualsiasi altro Paese al mondo. È piuttosto un messaggero e un raccontatore di verità scomode, che tiene uno specchio per tutti noi e illumina i nostri fallimenti sistemici e sociali. Certo, possiamo rompere con rabbia questo specchio e far sparire il riflesso indesiderato, ma gli effetti nocivi delle nostre mancanze collettive rimarranno comunque. L'unica risposta onesta a questa sfida è lasciare lo specchio intatto e persino lucidarlo, in modo da poter vedere meglio e correggere i nostri fallimenti. Qualsiasi altra cosa è una negazione della realtà paragonabile all'ignorare l'allarme antincendio nella casa della nostra civiltà, e ha un prezzo che noi, come specie, presto non potremo più permetterci[7].

Qui, tuttavia, ci si vuol interrogare sulla figura di Amleto e presto saranno chiari i collegamenti fra questo preambolo relativo a cosa può fare la società civile/comunità etica e a cosa siamo chiamati, magari partendo dai classici perché, come già evidenziato, la grande letteratura, pur nascendo ed essendo ancorata al proprio tempo, lo travalica e ci appare sempre attuale, anche dopo secoli.

Si è scelto Amleto non solo per l'universale trattato e per il suo "permanere" nell'universale, ma anche per quella autodistruzione che è insita nel pensiero stesso.

Un pensiero che, smembrato, porta solo una parte di saggezza e tre parti vili, vigliacche.

---

6   N. Melzer, *The Trial of Julian Assange: A Story of Persecution*, Verso, Londra e New Yor, 2022. Utilizzata la traduzione di Chessa in S. Chessa, *Distruggere Assange. Per farla finita con la libertà d'informazione*, Castelvecchi Editore, Roma, 2023, p. 33.

7   Ivi, p. 231.

...un'ansia che, spaccata, mostra una parte saggia e tre vili[8]...

In tutta l'opera, Amleto riflette e ci fa riflettere, orchestra, fa il regista oltre che l'attore, e resta comunque sé stesso in ogni veste e in ogni momento.

In Amleto, anche per il pensiero, vale quanto detto all'inizio di questo articolo per la scienza, ovvero: non è buono o cattivo ma tutto dipende dall'utilizzo che noi ne facciamo.

Nel secondo atto, scena seconda, infatti, Amleto dirà:

Non c'è nulla di buono o cattivo, se non è il pensiero a renderlo tale[9].

Si tratta anche di un grido di speranza rivolto a qualsiasi Einstein oppure a un Oppenheimer con crisi di coscienza della situazione e che ci riportano, eticamente, su cosa è da fare e/o non fare.

Quel che dobbiamo cercare di comprendere è non arrivare troppo tardi e fare in modo che queste voci citate non rimangano voci isolate.

Per questo l'interrogazione ci porta alla nostra esistenza su questo pianeta ed è interessante, a tal riguardo, all'inizio dell'opera, quando nella scena quarta del primo atto, la guardia Marcello dirà:

C'è qualcosa di marcio in Danimarca[10].

La Danimarca non è, ovviamente, solo la Danimarca ai tempi di Amleto: è metafora di tutto il nostro mondo attuale e indice della nostra deriva se non vi poniamo rimedio.

Il "marcio", in effetti, è un qualcosa che è passato a un altro stato, qualcosa che è andato "oltre", oltre un punto "di non ritorno".

Ovvio che in una tragedia questo punto di non ritorno ci sarà ma esso è anche un monito come punto a cui non arrivare.

E questo punto di non ritorno si può evitare attraverso determinate azioni; di azioni parlerà tantissimo lo stesso Amleto in quel celeberrimo suo terzo monologo.

Il terzo monologo non può essere visto solamente in modo riduttivo e riduzionista come interrogativo sul suicidio; il terzo monologo è, invece, un

---

8   Testo originale: *A thought which, quarter'd, hath but one part wisdom and ever three parts coward*, in W. Shakespeare, *Amleto – con testo a fronte*, Garzanti, Milano, 1991, pp. 180-181.
9   Ivi, p. 85.
10 Ivi, pp. 48-49. Testo originale: *Something is rotten in the state of Denmark.*

interrogativo impellente e costante sul nostro heideggeriano *esserci* nel mondo, sulla nostra stessa esistenza in quanto tale.

Per questo, in Amleto, come in altre grandi opere, i principi universali sono, al tempo stesso, monito e richiamo. Di seguito, il terzo monologo in originale:

To be, or not to be: that is the question :
Whether 'tis nobler in the mind to suffer
The slings and arrows of outrageous fortune,
Or to take arms against a sea of troubles,
And by opposing end them? To die: to sleep;
No more; and by a sleep to say we end
The heart-ache and the thousand natural shocks
That flesh is heir to, 'tis a consummation
Devoutly to be wish'd. To die, to sleep;
To sleep: perchance to dream: ay, there's the rub;
For in that sleep of death what dreams may come
When we have shuffled off this mortal coil,
Must give us pause: there's the respect
That makes calamity of so long life;
For who would bear the whips and scorns of time,
The oppressor's wrong, the proud man's contumely,
The pangs of despised love, the law's delay,
The insolence of office and the spurns
That patient merit of the unworthy takes,
When he himself might his quietus make
With a bare bodkin? who would fardels bear,
To grunt and sweat under a weary life,
But that the dread of something after death,
The undiscover'd country from whose bourn
No traveller returns, puzzles the will
And makes us rather bear those ills we have
Than fly to others that we know not of?
Thus conscience does make cowards of us all;
And thus the native hue of resolution
Is sicklied o'er with the pale cast of thought,
And enterprises of great pith and moment
With this regard their currents turn awry,
And lose the name of action.

L'interrogativo sull'esistenza che Amleto si pone abbraccia, infatti, vari campi; di seguito, la mia traduzione:

Essere o non essere: questo è il problema:
Se sia più nobile per l'animo soffrire
i fendenti e le frecce di una fortuna oltraggiosa,
o prendere le armi contro un mare di problemi,
e opporsi a essi? Morire: dormire;
non più; e con il sonno dire che si finisce
il mal di cuore e le mille scosse naturali
di cui la carne è erede; è una consumazione
da augurarsi con devozione. Morire, dormire;
Dormire: forse sognare: ecco il problema:
perché in quel sonno di morte quali sogni possono arrivare,
quando ci saremo liberati di questa spoglia mortale;
ci deve far riflettere: c'è il rispetto
che rende la calamità di una vita così lunga;
perché chi sopporterebbe le frustate e i disprezzi del tempo?
Oppure il torto dell'oppressore, il disprezzo dell'uomo orgoglioso,
le pene dell'amore disprezzato, il ritardo della legge,
l'insolenza dell'ufficio e i disprezzi
che il merito paziente dell'indegno prende,
quando lui, lui stesso, potrebbe determinare la sua pace
con un semplice pugnale? Chi sopporterebbe il fardello
di grugnire e di sudare sotto una vita stanca,
se non fosse per il timore di qualcosa dopo la morte:
il paese non ancora scoperto dal cui porto
nessun viaggiatore fa ritorno; questa cosa rende perplessa la volontà
e ci fa sopportare i mali che abbiamo
piuttosto che volare verso altri che non conosciamo?
Così la coscienza ci rende tutti codardi;
e così la tonalità nativa della risoluzione
viene offuscata dal pallido colore del pensiero.
E le imprese di grande spessore e momento,
con questo sguardo, cambiano le loro correnti,
e perdono il nome di azione.

Sappiamo che, in Amleto, il punto di non ritorno è, ovviamente, la morte[11]. L'universale presente nell'opera, e in generale, ha a che fare con il "sacro", perché ogni essere umano, come ogni creatura vivente, necessita di una propria dimensione "spirituale", credenti o meno che siano/siamo.

Infatti, credenti o meno, abbiamo tutti bisogno del "sacro" perché ci rimanda a quei principi universali di cui sopra. Tuttavia, non dimentichiamo che un principio universale è e resta un "astratto"; è lo Stato la sola e unica garanzia di quell'astratto.

Nel caso di Assange, ad esempio, non abbiamo Stati che garantiscano quell'astratto, anzi: alcuni Stati, pare, abbiano tradito i loro principi universali.

Per intenderci, non ci troviamo dinanzi a una casistica tipo Antigone contro Creonte perché non ci troviamo dinanzi a due posizioni egualmente valide.

Nel caso specifico di Assange, da parte delle istituzioni, ci troviamo dinanzi a un tradimento dell'universale.

Questo tradimento è antico se pensiamo al libro *Sapiens* di Harari dove, da specie a impatto quasi nullo sul pianeta, viene illustrato come, nel tempo, ci siamo trasformati nella specie più invasiva su questo pianeta stesso, arrivando, in modo poco lungimirante, a mettere a rischio l'esistenza della propria stessa specie sul pianeta.

Chissà se la nostra fascinazione per i dinosauri non dipenda dal fatto che, essendo estinti molto tempo prima della nostra comparsa, ci troviamo dinanzi a una specie di cui non siamo direttamente, e nemmeno indirettamente, responsabili.

Nell'atto quarto, scena prima, Amleto si chiede se duemila anime e ventimila ducati non basteranno per decidere la sorte di un piccolo pezzo di terra; infatti, il problema delle guerre è la perdita di una visione d'insieme, il restare in quel pensiero diviso di cui egli stesso si è sempre lamentato.

Per questo il monito di fondo resta il nostro impegno nei confini dei principi universali. Ecco l'importanza di uno sguardo lungimirante che travalica i contesti e trascende i tempi, rivolgendosi non soltanto al nostro presente ma, soprattutto, al nostro futuro come umanità.

---

11   Nel recente lavoro di Miyazaki, *Il ragazzo e l'airone*, la morte non è un punto di non ritorno ma qualcosa di ciclico che segue un altro tempo e un altro spazio.

UN'ETICA MONDIALE, MODELLO RELIGIOSO PER UNA CONVIVENZA PACIFICA[1]

di Peter Antes

La discussione in Europa sul ruolo delle religioni nella società verte sovente sui conflitti nati dalla convivenza tra persone di diverse culture e religioni. La dichiarazione sull'etica mondiale firmata nel 1993 dal Parlamento delle religioni del mondo a Chicago insiste invece sugli antichissimi principi proclamati da tutte le religioni; principi che, se applicati, assicurano una convivenza pacifica per la quale le regole vanno continuamente adattate agli interessi e ai desideri di tutti.
Il contributo illustra i principi positivi delle tradizioni religiose convenute a Chicago e spiega il processo di negoziazione necessario per la partecipazione di tutti, individui e gruppi, all'interno di una moderna società aperta.

Negli anni '90 la discussione sul ruolo politico delle religioni si concentrava in particolare su tre interpretazioni: il fondamentalismo religioso, lo scontro delle civiltà e la dichiarazione per un'etica mondiale.

Per quanto riguarda il fondamentalismo religioso, va ricordato che tale idea nacque nell'America protestante degli inizi del XX secolo per contestare le interpretazioni della teologia moderna e difendere la tradizionale fede cristiana nella verginità di Maria, nella creazione del mondo e dell'uomo così come descritta nel libro della Genesi e nei miracoli di cui parlano i testi biblici in quanto tali (cf. Joest, 1989). L'arrivo al potere dell'Ayatollah Khomeyni nel 1979 ed altre rivolte nel nome dell'islam, come il FIS in Algeria, e i tumulti indù ad Ayodhyia contro i musulmani nel 1991 hanno fatto parlare i giornalisti occidentali di reazioni fondamentalistiche; così facendo, un termine ben circoscritto proprio dell'ambito cristiano si è esteso fino a designare altre forme di protesta in nome della religione, suggerendo in tal modo che si dovesse trattare di un fenomeno globale, comune a tutte le religioni e contrapposto al mondo moderno (cf. Beinert et al.). In conseguenza di ciò fu implementato negli Stati Uniti un grande progetto di studi per analizzare il fenomeno in tutti

---

1   Ringrazio il Dr. Riccardo Nanini per la correzione del testo italiano.

i suoi aspetti (cf. i libri a cura di Marty e Appleby) e mostrare i rischi insiti in tali tendenze, evitando tuttavia di caratterizzare le proteste sulla base dei rispettivi contesti e considerare anche il fatto che esse esprimono attese e critiche locali di scarso o nullo rapporto con tendenze religiose globali o religioni in generale.

Il tema dello scontro delle civiltà, evocato in un saggio nel 1993 e in seguito sviluppato in un suo rilevante libro da Samuel Huntington, non ammette, nelle religioni, distinzioni interne tra orientamenti tradizionali (di carattere fondamentalistico) e tendenze moderne, come avviene nella logica del fondamentalismo religioso, ma ritiene che le religioni nella loro interezza rappresentino un pericolo per il mondo moderno. Le zone del mondo sono suddivise in base alle civiltà in esse prevalenti: una cinese-confuciana, una giapponese, una indù, una ortodossa, una latinoamericana (cattolica), una islamica ed una occidentale; eventualmente anche una africana. Tutte, secondo Huntington, sono legate a tradizioni religiose, e tra queste spicca l'assenza dell'ebraismo e del buddismo. L'unica civiltà che fa eccezione è quella occidentale, e di conseguenza Huntington, politologo dell'Università di Harvard, prevede un conflitto tra questa e le altre, poste a diversa distanza da essa, la più distante essendo quella islamica. Joffe ha studiato le conflittualità contemporanee ed è giunto alla conclusione che i conflitti presenti nel Medio Oriente non riguardano l'islam da una parte e l'Occidente dall'altra, ma che gli interessi e il potere prevalgono nella misura in cui, ad esempio, gli americani supportano i sauditi e i russi fanno causa comune con gli iraniani.

In un mondo in cui i conflitti destano più interesse che la convivenza pacifica, la terza interpretazione ha fatto meno rumore. Si tratta della "Dichiarazione per un'etica mondiale" firmata da rappresentanti di tutte le religioni in occasione del centenario del Parlamento delle Religioni di Chicago nel 1993.

1. La Dichiarazione per un'etica mondiale

Cento anni dopo il famoso Parlamento delle Religioni, tenutosi in occasione dell'Esposizione mondiale di Chicago del 1893 (cf. Hasselmann, 2002), una nuova assemblea delle religioni ha inteso celebrare l'evento e pubblicare un documento che sottolineasse le regole della convivenza pacifica dei membri di tutte le religioni nella società umana.

Gli organizzatori chiesero al teologo cattolico Hans Küng (1928-2021) di preparare un testo per questa assemblea. L'idea principale, a questo scopo, non era sostituire gli insegnamenti delle religioni con un consenso minimalissimo, bensì far conoscere ciò che già ora è comune a tutte le religioni sul piano etico (cf. Küng/Kuschel 1993, pp. 9-10). Così Küng, con alcuni colleghi dell'Università di Tubinga, elaborò un primo testo che inviò ai colleghi, tra cui anche chi scrive (cf. Küng/Kuschel, 1993 p. 58), per suggerimenti e critiche. Un secondo testo rielaborato fu mandato ad altre personalità, per arrivare al testo finale che doveva essere presentato all'assemblea generale di Chicago.

> "Il testo intitolato 'Introduzione' è stato approntato da un comitato redazionale del 'Consiglio' del Parlamento delle religioni mondiali di Chicago sulla base della dichiarazione (qui intitolata 'Principio') redatta a Tubinga. Esso voleva offrire una rapida sintesi della dichiarazione – per scopi giornalistici." (Dichiarazione, p. 2)

Il testo venne letto pubblicamente con il plauso dei gruppi presenti:

> "Il mondo è in agonia. Questa agonia è così incombente e pervasiva che noi ci sentiamo spinti a indicarne le forme di manifestazione così da poter mettere in chiaro la profondità della nostra inquietudine.
>
> La pace ci sfugge – il pianeta viene distrutto – i vicini vivono nella paura – le donne e gli uomini sono reciprocamente estranei – i bambini muoiono.
>
> Tutto ciò è orribile.
>
> Noi condanniamo l'abuso dell'ecosistema della nostra terra.
>
> Noi condanniamo la miseria che soffoca la possibilità di vita: la fame che mina i corpi; le disugualianze economiche che minacciano di rovina tante famiglie.
>
> Noi condanniamo il disordine sociale delle nazioni; il disprezzo della giustizia, che emargina i cittadini; l'anarchia che invade le nostre comunità; e la morte assurda dei bambini provocata dalla violenza. In particolare condanniamo l'aggressione e l'odio in nome della religione.
>
> Questa agonia deve cessare.
>
> Essa deve cessare perché già esiste il fondamento di un'etica. Quest'etica offre la possibilità di un migliore ordine individuale e globale e allontana gli uomini dalla disperazione e le società dal caos.

Noi siamo donne e uomini che aderiscono ai precetti e alle pratiche delle religioni del mondo.

Noi confermiamo che nelle dottrine delle religioni si trova un comune patrimonio di valori fondamentali, che costituiscono il fondamento di un'etica mondiale.

[...]

Noi dichiariamo:

Noi tutti dipendiamo gli uni dagli altri. Ognuno di noi dipende dal benessere della totalità. Perciò dobbiamo avere rispetto per la comunità degli esseri viventi, degli uomini, degli animali e delle piante, e avere cura della salvaguardia della terra, dell'aria, dell'acqua e del suolo.

Noi portiamo la responsabilità individuale di tutto ciò che facciamo. Tutte le nostre decisioni, azioni e omissioni hanno delle conseguenze.

[...]

Noi consideriamo l'umanità come la nostra famiglia. Dobbiamo sforzarci di essere cordiali e generosi. Non possiamo vivere soltanto per noi stessi, dobbiamo piuttosto servire anche gli altri e non dimenticare mai i bambini, gli anziani, i poveri, i sofferenti, gli handicappati, i rifugiati e le persone sole. Nessuno deve essere considerato o trattato o, non importa in quale modo, sfruttato come un cittadino di seconda classe. [...].

Noi ci impegniamo a favore di una cultura della non violenza, del rispetto, della giustizia e della pace. Noi non opprimeremo né danneggeremo, né tortureremo e tanto meno uccideremo altri uomini, ma rinunceremo alla violenza come mezzo di composizione delle differenze.

Noi dobbiamo mirare a un ordine sociale ed economico giusto, nel quale ognuno attenga uguali possibilità di realizzare tutte le proprie potenzialità umane. Dobbiamo parlare con sincerità e agire con simpatia, trattando tutti con gentilezza ed evitando i pregiudizi e l'odio. Noi non possiamo rubare. Dobbiamo piuttosto superare il predominio della sete di potere, prestigio, denaro e consumo, al fine di creare un mondo giusto e pacifico.

La terra non può essere trasformata in meglio se non cambia prima la coscienza dei singoli.

[...]

Noi invitiamo tutti gli uomini, religiosi o no, a fare lo stesso." (Dichiarazione, pp. 2-3)

La lista dei firmatari della Dichiarazione (cf. Küng/Kuschel, 1993, pp. 43-45) rivela come, benché in numero non uguale, vi siano rappresentate tutte le religioni. Questo significa che nessuna religione, in linea di principio, rifiuta il testo, dal momento che ci sono state almeno alcune personalità che l'hanno accettato in quanto parte integrante della propria tradizione religiosa. Così il testo invita "tutti gli uomini, religiosi o no" (cf. Dichiarazione, p. 3), a mettersi insieme nello sforzo di costruire una società umana fondata su tale principio:

> *Fai agli altri quello che vuoi che gli altri facciano a te*. Questa dovrebbe essere la norma immutabile, incondizionata, per tutti gli ambienti della vita, per la famiglia e la comunità, per le razze, le nazioni e le religioni.
>
> Sono da rifiutare gli egoismi di ogni tipo – ogni egocentrismo, sia esso individuale o collettivo, che si affermi sotto forma di classismo, di razzismo, di nazionalismo o di sessismo. Noi li condanniamo perché impediscono all'uomo di essere veramente uomo [...]
>
> Questo principio include in sé norme estremamente concrete, cui noi uomini dobbiamo e vogliamo attenerci. Da esso hanno origine *Quattro ampie antichissime linee direttrici*, che si trovano nella maggior parte delle religioni di questo mondo." (Dichiarazione, p. 8)

2 Le quattro norme immutabili

2.1 Dovere di una cultura della non violenza e del rispetto per ogni vita

Contro l'egoismo, l'odio, l'invidia e la gelosia, sia sul piano individuale che su quello collettivo, il testo dichiara:
"Ma dalle grandi tradizioni religiose ed etiche dell'umanità apprendiamo la norma: *Non uccidere*. O in forma positiva: *Rispetta ogni vita*. Riflettiamo, dunque, di nuovo sulle conseguenze di questa antichissima norma: ogni uomo ha il diritto alla vita, all'integrità fisica e al libero sviluppo della personalità, nella misura

in cui non lede i diritti di altri. Nessun uomo ha il diritto di tormentare fisicamente o psichicamente, di ferire o addirittura uccidere un altro uomo. E nessun popolo, nessuno stato, nessuna razza, nessuna religione ha il diritto di discriminare, 'epurare, esiliare o addirittura eliminare una minoranza etnica o religiosa." (Dichiarazione, p. 9, A.)

Va da sé che questa rivendicazione è molto lontana della realtà concreta del comportamento individuale e della politica degli stati.

2.2 Dovere di una cultura della solidarietà e di un ordine economico giusto

Anche qui è riscontrabile una formula positiva per una regola più nota nella sua espressione negativa, *Non rubare*:

> "Essere veramente umani nello spirito delle nostre grandi tradizioni religiose ed etiche significa: invece di sfruttare in vista del dominio, in una lotta sfrenata, il potere economico e politico, usarlo *al servizio degli uomini*. Noi dobbiamo sviluppare uno spirito di compassione verso i sofferenti e avere particolare cura dei poveri, degli handicappati, degli anziani, dei profughi, delle persone sole." (Dichiarazione, p. 11, E.)

2.3 Dovere di una cultura della tolleranza e di una vita nella sincerità

Di nuovo troviamo la regola negativa degli antichi testi in positivo:

> "*Non mentire* in una norma positiva che dice: *Parla e agisci con sincerità*. Riflettiamo, dunque, di nuovo sulle conseguenze di questa antichissima norma: nessun uomo e nessuna istituzione, nessuno Stato e anche nessuna chiesa o comunità religiosa ha il diritto di dire il falso agli uomini." (Dichiarazione, p. 12, A.)

2.4 Dovere di una cultura della parità dei diritti e della solidarietà tra uomo e donna

La norma tradizionale *Non commettere atti impuri* si riformula qui in termini positivi: *Rispettatevi e amatevi a vicenda*. (cf. Dichiarazione, p. 13, A)

Questo significa:

"Invece del dominio patriarcale o dell'umiliazione, che sono espressioni di violenza e spesso producono come reazione altra violenza, reciproca attenzione, compassione, *solidarietà*.

Invece di qualunque forma di possesso o di abuso sessuale, rispetto, tolleranza, disponibilità alla riconciliazione, *amore* reciproci.

A livello delle nazioni e delle religioni può essere praticato solo ciò che è già vissuto a livello di relazioni personali e familiari." (Dichiarazione, p. 14, F.)

La Dichiarazione termina con alcune frasi ottimistiche, tra cui:

"Un consenso universale su *molte questioni etiche controverse* (dalla bioetica sessuale all'etica dei *mass media* e della scienza, fino all'etica economica e politica) è difficile. Però nello spirito dei principi comuni qui sviluppati si dovrebbero poter trovare soluzioni appropriate anche per molte questioni finora controverse." (Dichiarazione, p. 14, IV. 1.)

Su richiesta dei buddisti (cf. Küng/Kuschel, 1993, pp. 69-71) nel testo della Dichiarazione non c'è nessun riferimento a Dio o a una realtà metafisica, cosa che la rende accettabile anche a persone prive di religione.

Conclusione

Tra le interpretazioni relative al ruolo dell'islam nelle società occidentali, solo la Dichiarazione per un'etica mondiale presenta un approccio positivo e aperto rispetto a una società che miri a una convivenza pacifica. Essa, sulla base di quatro norme immutabili assunte dalla maggior parte delle più antiche tradizioni religiose, formula regole che possono servire da punti di riferimento, nelle nostre società moderne, a chi è religioso e a chi non lo è. Nella Dichiarazione per un'etica mondiale di Chicago del 1993 le classiche norme espresse generalmente in senso negativo e in forma di proibizione si sono trasformate in regole positive. Questa trasformazione è un segno importante e incoraggiante nell'adattamento delle regole alle necessità dei nostri tempi, in modo da soddisfare gli interessi di tutti riuscendo al contempo a salvare l'intento generale delle regole per una convivenza pacifica.

Bibliografia

Antes, Peter (2021): *Religious Fundamentalism – A Misleading* 'Concept?, in Nina Käsehage (a cura di): *Religious Fundamentalism in the Age of Pandemic*, Bielefeld: Transcript Verlag, pp. 251-262

Beinert, Wolfgang / Müller, Hans-Peter / Garhammer, Erich (1995): *"Fundamentalismus"*, in *Lexikon für Theologie und Kirche*, Freiburg [et al.]: Herder, 3rd ed. vol. 4, coll. 224-226

Dichiarazione per un'etica mondiale, testo del parlamento delle religioni mondiali del 4 settembre 1993, qui citata in https://www.weltethos.org/wp-content/uploads/2023/08/Decl_italian.pdf (visitato il 25 settembre 2023), il testo esiste anche in forma stampata nella rivista: Pace, diritti dell'uomo, diritti dei popoli, anno VI, numero 3, 1992 (1994) pp. 179-186, cf. https://unipd-centrodirittiumani.it/it/pubblicazioni/Verso-unetica-globale-documento-del-Parlamento-delle-Religioni-Mondiali/781 (visitato il 25 settembre 2023)

Hasselmann, Christel (2002): *Die Weltreligionen entdecken ihr gemeinsames Erbe: Der Weg zur Weltethoserklärung*, con una prefazione di Hans Küng, Mainz: Matthias-Grünewald-Verlag

Huntington, Samuel (1996): *The Clash of Civilizations and the Making of World Order*, New York [et al.]: Simon & Schuster (trad. it.: Lo scontro delle civiltà e il nuovo ordine mondiale, Milano: Garzanti 1997)

Joest, Wilfried (1983): *"Fundamentalismus"*, in Theologische Realenzyklopädie (TRE), Berlin-New York: W. de Gruyter, vol. 11, pp. 732-738

Josef Joffe (2016): *"Der Prophet, der brillant danebengriff. Der Terror dominiert die Schlagzeilen – 'Kampf der Kulturen' unsere Krisen präzise vorhergesagt. Dabei irrte er jedoch gewaltig"*, in DIE ZEIT Nr. 1 (Dicembre 29, 2016) Feuilleton, p. 43

Küng, Hans/Kuschel, Karl-Josef (a cura di) (1993): *Erklärung zum Weltethos. Die Deklaration des Parlamentes der Weltreligionen*, München: Piper (trad. it.: Per un'etica mondiale. La dichiarazione del Parlamento delle religioni mondiali, Milano: Rizzoli 1995)

Marty, Martin E. / Appleby, E. Scott (a cura di) (1991): *Fundamentalisms observed*. (=The Fundamentalism Project, vol I), Chicago [et al.]: University of Chicago Press

Marty, Martin E. / Appleby, E. Scott (a cura di) (1993): *Fundamentalisms and Society: Reclaiming the Sciences, the Family and Education* (=The Fundamentalism Project, vol. II), Chicago [et al.]: University of Chicago Press

Marty, Martin E. / Appleby, E. Scott (a cura di) (1993): *Fundamentalisms and the State: Remaking Polities, Economies, and Militance* (=The Fundamentalism Project, vol. III), Chicago [et al.]: University of Chicago Press

Marty, Martin E. / Appleby, E. Scott (a cura di) (1994): *Fundamentalisms observed*. Paperback ed., Chicago [et al.]: University of Chicago Press

Marty, Martin E. / Appleby, E. Scott (a cura di) (1995): *Fundamentalisms comprehended*, Chicago [et al.]: University of Chicago Press

RIFLESSIONI SUL LIBRO DI LANZA DEL VASTO *PER EVITARE LA FINE DEL MONDO* (1973)

di Antonino Drago

Due sono le più grandi scoperte del secolo XX: la Bomba e la Non violenza[1].

Quello che rimproveriamo di più a questa civiltà è di preparare la propria distruzione[2].

Riassunto

Tra coloro che hanno lanciato allarmi sul cammino autodistruttivo della civiltà Occidentale, Lanza del Vasto è l'unico che con un libro del 1959 ha saputo descrivere da un punto di vista (sia spirituale che politico) sia la nascita che la crescita del male, da quello personale a quello di tutta la vita sociale, fino a caratterizzarne l'apice: la Bomba nucleare, capace della autodistruzione della umanità. Lo ha fatto sulla base di interpretazioni originali di alcuni brani della Bibbia; con un altro brano ha suggerito anche la chiave per la conversione personale e sociale dalla logica autodistruttiva dell'Occidente. Poi ha ripetuto, con una ulteriore analisi ma ora di tipo laico, la descrizione di questa crescita del male fino delle strutture principali della civiltà Occidentale. Ma il suo allarme è stato rifiutato: si è preferita la politica di "gestire il Mostro", senza tema del pericolo di suicidio dell'umanità. Benché nel frattempo siano nati altri pericoli mortali per l'umanità questa politica continua anche oggi. Tra le varie spiegazioni di questa incoscienza collettiva la più importante sembra quella dell'analisi biblica di Lanza del Vasto: oggi l'uomo è così affascinato da scienza e tecnica da averne fatto dei feticci, dai quali si aspetta sempre e comunque un bene. Secondo Lanza del Vasto e altri grandi pensatori invece esse dovrebbero essere subordinate all'etica di un progetto di gestione mondiale della pace. Infine si riflette su quando potrà sorgere una minima maturità etica in tal senso.

1. Introduzione su Lanza del Vasto

Giuseppe Giovanni Lanza è nato a S. Vito dei Normanni BR nel 1901 ed è morto nel 1981 in una sua comunità ad Albacete (Spagna). Si è laureato in Filosofia nel 1927 all'Università di Pisa. È stato poeta, drammaturgo, scultore, musico, filosofo e teologo "all'aria aperta". Nella sua vita artistica degli anni '30 a Firenze ha preso il nome d'arte Lanza del Vasto, o LdV.

---

1   Lanza del Vasto: *I quattro Flagelli* (orig. 1959), SEI, Torino, 1996, cap. 5, § 34.
2   Lanza del Vasto: "Deux dialogues", *Cahiers Lanza del Vasto*, 4, 2023, p. 25.

Negli anni '30 gli è diventata angosciante la domanda a cui, benché filosofo, non sapeva rispondere: "Perché gli uomini cadono sempre in guerre, che pure non sono castighi di Dio, ma fatte da mano d'uomo?" Egli ha pensato che poteva avere una risposta solo da Gandhi. Nel 1937 è andato da lui. Quando è stato lì e lo ha seguito come discepolo cattolico, ha riconosciuto la risposta cercata nella vita spirituale e nella vita politica di Gandhi, ispirate dalla idea della non violenza. È tornato in Europa con l'obiettivo di fondare comunità occidentali di tipo gandhiano (perciò interreligiose). La prima è stata quella in Francia nel 1948; sono seguite quelle in Argentina, Canada, Spagna, Italia, Belgio[3].

Nell'*exergo* sono citate due sue idee-guida. Si noti che la prima affermazione è stata scritta quando il secolo era ancora a metà (1959). In effetti, tutti gli avvenimenti successivi a quella data hanno confermato quel suo giudizio storico, sul quale anche oggi si è chiamati a scegliere. La seconda frase caratterizza la situazione in cui è caduto l'Occidente. Essa esprime la sua sofferenza per questa decadenza mortifera che l'Occidente persegue incoscientemente.

2. La sua onnicomprensiva analisi del male nella persona, nella società e nella storia

Tornato in Occidente, ha cercato di fondare la sua scelta per la non violenza gandhiana sui testi sacri occidentali, la Bibbia, così come Gandhi aveva fatto con il testo sacro indù la Bagavad Gita. Sul risultato egli ha scritto un libro[4].

Siccome nella Bibbia il tema di fondo è la lotta tra Bene e Male una gran parte del libro è dedicata all'analisi del male nel mondo. Egli ha notato che su questo problema grava la domanda millenaria: la origine dei mali nel mondo è nelle persone o nelle strutture? La prima risposta è quella data solitamente dai religiosi e dai moralisti, che invitano a concentrarsi su se stessi; la seconda è quella dei politici che spingono a compiere rivoluzioni e guerre. LdV sembra risolvere il dilemma nella maniera dei moralisti: l'origine del male (e della violenza) nel mondo non è nelle

---

3   Su di lui si può leggere la voce specifica su Wikipedia e si può visitare il sito delle sue comunità https://www.lanzadelvasto.com/it/.

4   Lanza del Vasto: *I quattro Flagelli,* op. cit..

strutture; però aggiunge che il male, avendo origine nel singolo, si esprime poi nei rapporti con gli altri e con l'ambiente, per cui passa dalla persona alla società e al rapporto con la natura. Il libro lo dimostra riuscendo a descrivere tutta la traiettoria della crescita del male, dall'interiore all'interpersonale, alle varie strutture sociali. Questo processo di crescita del male gli è suggerito dal suo porre in sequenza quattro brani cruciali della Bibbia, di cui egli dà interpretazioni originali che considerano lo spirituale assieme al sociale.

Per primo *Genesi* 3 sul Peccato originale: l'origine del male è nella tendenza spontanea di ridurre la conoscenza amorosa - contemplazione a conoscenza - calcolo finalizzato a fini egoistici. Poi in *Apocalisse* 6 e 8 egli vede il male cresciuto dai rapporti tra le persone fino a fondare nella vita sociale istituzioni sociali negative che affliggono una popolazione, tra le quali le più importanti sono i "quattro flagelli fatti da mano d'uomo": *Miseria* (fame nel mondo causata dalla avidità per il possesso, prima di tutto di danaro), *Sedizione e rivoluzione* (ad es. il Marx-leninismo), *Servitù* (arrivata fino a quella alle dittature europee e dal 1945 alla servitù di tutti i popoli del mondo a causa della divisione di Yalta), *Guerra* (fino a due guerre mondiali e poi la Guerra Fredda come minaccia continua di distruzione nucleare). Si noti poi che tutti noi compartecipiamo, per lo più incoscientemente, ai peccati strutturali delle varie istituzioni sociali. Quindi queste strutture nascono e si mantengono con la partecipazione di tutti, le persone oneste e le disoneste, le cattive e le buone, quelle male intenzionate e quelle benevolenti. Ogni persona che partecipa a questi peccati strutturali ne vede dal suo angolo visuale limitato solo un piccolo aspetto, magari un aspetto che sembra positivo; cosicché una persona può ridursi ad essere una incosciente rotella di un ingranaggio che lo sovrasta; in tal caso si ha il paradosso che più coscienziosamente egli compie il suo dovere sociale e più contribuisce al male strutturale.

Infine egli interpreta il capitolo 13 di *Apocalisse* come il male sociale strutturale supremo, che si sdoppia in due strutture che dominano la umanità tutta in maniera totalitaria. Egli ha visto in questi due poteri mondiali negativi le istituzioni sociali Scienza e Tecnica. Secondo LdV *la prima Bestia è la Scienza*; questa Bestia ha sette teste, per cui "L'irreparabile mancanza della Scienza moderna è che manca un uomo che la sappia tutta"[5]. Con queste teste la Bestia si rivolge arrogantemente contro Dio,

---

5 Lanza del Vasto: *I Quattro Flagelli*, op. cit., cap. 3, §. 46.

così come la Scienza è arrogante verso tutto ciò che è superiore al dato sperimentale, Dio per primo. *La seconda Bestia* è la organizzazione sociale artificiale, *quella dello Stato-macchina e della Tecnologia*, le quali hanno ammaliato ogni persona riducendola ad una servitù compensata dal consumismo e dai loro miti progressisti; e quindi hanno costretto la umanità in una gabbia di artifici.

Poi nello stesso libro LdV ritrova, conferma e dettaglia la crescita del male, già vista prima con i testi biblici, con una sintetica analisi di tipo laico della storia delle strutture sociali della civiltà Occidentale. Anche questa nuova analisi parte dall'individuo e poi vede la intera organizzazione sociale delle istituzioni, dalle minime fino alle più grandi e potenti. Esse sono analizzate prima dal punto di vista antropologico, poi quello economico e infine quello politico.

Infine egli sottolinea che al suo tempo il male sociale raggiunge l'apice a livello mondiale con i Due Blocchi Est ed Ovest; i quali dividono la popolazione del mondo e la asserviscono in due differenti maniere: la servitù alle dittature cosiddette socialiste e la servitù al liberismo selvaggio. Essi si fanno la Guerra Fredda minacciando di aggredirsi con l'esplosione di tutte le bombe nucleari accumulate nei loro arsenali, il che comporterebbe la distruzione dell'intera umanità.

Tutte queste strutture sociali accumulate nella storia dalla civiltà Occidentale alla fine hanno prodotto la bomba nucleare. Essa è la prova provata di tutta l'analisi compiuta: l'apice del Male nel mondo è stato inventato e costruito dallo sforzo di migliaia di scienziati e di ingegneri che hanno creduto di stare lavorando al bene dell'umanità. La Bomba è il risultato più avanzato della Scienza e della Tecnica sviluppate senza freni e quindi per fini collettivi egoistici e cinici:

> A forza di frugacchiare tutto, per curiosità empia, per spirito di lucro, per spirito di gioco, per spirito di dominazione, sono arrivati a manipolare la più infima particella dell'essere, quella che all'ultimo anello, per definizione, non è *tagliabile*, l'atomo, e sono riusciti a spaccare anche quello! Si può ben discutere e mettere in dubbio i benefici e le meraviglie della Scienza e della Tecnica. Ma c'è una cosa che ogni persona in buona fede deve riconoscere come loro capolavoro e loro risultato supremo: la Bomba. Ieri potevamo sbagliarci sul significato della loro opera, oggi no.[6]

---

6   Lanza del Vasto: *I Quattro Flagelli*, op. cit., 5, §. 17.

Già la fine del testo di Ap. 13 suggerisce la natura di questo male totale; secondo la interpretazione di LdV essa consiste nella ricerca di raggiungere un infinito assoluto. Un quinto brano biblico ribalta questa prospettiva prometeica. Il discorso della montagna in *Matteo* 5 indica la via d'uscita nella conversione; che però da lui è intesa in maniera totale, cioè come uscita anche dalle strutture sociali negative; e, ritornando alla natura originaria della persona prima del peccato originale, la prospettiva dell'amore, della non violenza, della comunità e di un nuovo modello di sviluppo.

A mia conoscenza questa è stata la prima lettura sociale della Bibbia (dieci anni prima delle analisi della Teologia della Liberazione). Essa è di tipo strutturale perché caratterizza (spiritualmente e politicamente) le strutture della società, le quali hanno un ruolo cruciale nella sua analisi di come funziona e come procede la società.

Tutto quanto riportato è stato sviluppato, oltre che nel libro *I Quattro Flagelli*, in molti scritti e libri; in essi i temi dell'autodistruzione e quello della conversione sono ricorrenti. In particolare egli ha scritto *Noé. Dramma antidiluviano di anticipazione*[7]. "*Noé* è lo scontro della tribù patriarcale con la grande città [fondata da Caino], il cui splendore e prosperità dipendono interamente dal lavoro dei dragoni [le macchine]"[8]; i quali li hanno liberati dalla necessità del lavoro, ma li hanno lasciati preda degli istinti bestiali. Inoltre LdV ha riportato in un altro suo libro[9] un impressionante racconto non suo: "E l'uomo disfece il Cielo e la Terra [in sette giorni]". Infine nel libro del 1973 *Per evitare la fine del mondo* (che raccoglie alcune conferenze date in Canada) ha riformulato discorsivamente l'analisi del precedente libro *I Quattro Flagelli*, ponendo l'accento sul supremo male spirituale e materiale: la autodistruzione dell'umanità.

3. La conversione e la costruzione della alternativa, anche sociale, al male

Nella storia dell'umanità non si era mai visto un male come quello del dominio delle due Bestie, un male così tanto gigantesco ed opprimente lo spirito dell'umanità da apparire schiacciante.

Ma LdV è molto chiaro su questo punto: no al fatalismo. Anche perché *Apocalisse* 13, alla fine del capitolo, indica pure la via d'uscita: la salvezza

---

[7] Lanza del Vasto: *Noé. Drâme antédiluvien d'anticipation,* Denoël, Paris, 1965.
[8] Lanza del Vasto: "Noé", *Nouvelles de l'Arche*, 22 (1974) 145-153:
[9] Lanza del Vasto: *La Montée dea Ames Vivantes*, Denoël, Paris, 1968, 272-5.

sta nell'arrivare a conoscere il nome della Bestia, perché *omen nomine*, il nome fa conoscere il suo spirito, la sua motivazione e la sua sostanza.

Il testo indica così questo nome: "666". In effetti, questo nome-numero è misterioso e tale è rimasto per due millenni. Ma anche qui LdV chiarisce con precisione il testo: egli interpreta quella scrittura come "666…" (si ricordi che le scritture dei testi degli antichi Greci e Romani quasi non avevano segni di interpunzione, meno che mai puntini sospensivi; così che si può ben ipotizzare che il testo abbia sottinteso); quindi esso rappresenta *la serie matematica che tende all'infinito 666…*; cioè una serie infinita, la quale è il concetto tipico della matematica dei tempi moderni; questa matematica, a sua volta, è parte costitutiva essenziale della scienza moderna. Tenendo presente che nella tradizionale numerologia la cifra 6 rappresenta la persona, questa serie, in effetti, rappresenta la *crescita della persona all'infinito*, il che realizza il "Voi sarete dei" promesso dal serpente in Genesi 3. Ma di fatto questa crescita della persona, che si è distaccato da Dio, avviene sul solo piano umano-animale (il 6), non la porta ad un piano spirituale, quello che la numerologia indica col numero dell'uomo perfetto, il 7. "Da questa crescita-espansione del solo se stesso consegue la grandezza e la rovina" dei tempi moderni[10].

La salvezza allora consiste nel rifiutare la espansione ossessiva a quel tipo di infinito assoluto a cui spingono Scienza e Tecnica che soggiogano l'umanità; per piuttosto ritrovare con una conversione quella forza interiore della natura umana, la quale chiaramente è basata sul solo infinito potenziale di energie. È a questa conversione che chiama la semplicità di vita e la povertà, anche del linguaggio, del Vangelo; il cui nome significa esattamente la "buona novella", la quale appunto annuncia a tutti il bene, che ci si può convertire da tutti i mali, anche dal male più affascinante e più schiacciante!

La *magna carta* di questa conversione è il testo delle Beatitudini in Marco 5. Esso esprime con chiarezza che dal male si rifugge con una conversione. *Però LdV sottolinea che questa non è quella tradizionale che riguarda solo l'ambito personale; ma è quella che porta a liberarsi dalle strutture sociali negative*[11] *ed in alternativa è capace di costruire le istituzioni sociali positive.*

---

10   Lanza del Vasto: *I quattro Flagelli*, op. cit. fine del cap. I.
11   Nella sua vita LdV ha dato prova di questa conversione dalle armi nucleari: ha organizzato e guidato nel 1958 la prima manifestazione francese contro la bomba nucleare; poi, prima della Pasqua del 1963, ha compiuto un digiuno di 40 giorni a sola acqua affinché

Le Beatitudini (specie quelle dei miti, dei facitori di pace e dei perseguitati per la giustizia) invitano ad agire nella società con la non violenza; e tutte assieme invitano a realizzare il regno di Dio in terra mediante comunità. Perché per LdV la novità radicale della non violenza, che ha il potere di sconvolgere l'ordine costituito della società occidentale, doveva passare nella realtà sociale non tanto in maniera intellettuale (con discorsi, insegnamenti), o militante (proclami, manifestazioni e contestazioni), ma in maniera costruttiva con la realizzazione di quella nuova società che è prospettata dalla concezione non violenta - cristiana: la comunità gandhiana.

Tutto ciò corrisponde al suo percorso spirituale personale. Sin da ragazzo egli era indirizzato da un impulso istintivo a "non uccidere mai"; negli anni '30 questo impulso lo aveva portato ad una prima forma di conversione: ha scelto di essere vegetariano, antimilitarista e obiettore di coscienza alla guerra (in caso di chiamata a quella dell'Abissinia). Ma è poi con Gandhi che egli ha conosciuto un preciso, coerente e ampio atteggiamento non violento che non ha esitato a definire l'"Amore cristiano al massimo grado". In effetti, è con l'incontro con Gandhi che la sua vita personale ha avuto una conversione totale, cioè anche da tutti i mali sociali strutturali.

La sua riflessione successiva, volta a definire con precisione l'idea della non violenza, lo ha portato a riferire il suo principio originario "Non uccidere" al 5° consiglio del Padreterno, a cui perciò egli dà "un valore assoluto", cioè valido in ogni luogo e in ogni tempo (anche quello di guerra); e quindi l'uccidere è da evitare anche preventivamente e in ogni occasione; il che può avvenire solo intendendolo in senso positivo, come superamento radicale dell'egoismo del peccato originale, per aprirsi all'amore verso tutti e in tutte le circostanze, cioè proprio la non violenza gandhiana.

Alla fine del libro del 1959 egli mostra che, in effetti, la non violenza è antica come le montagne (come diceva Gandhi) anche nella storia occidentale; nella quale sono avvenuti molti episodi di non violenza, riguardanti singoli e anche popoli, episodi che fin allora erano stati mal inter-

---

Papa Giovanni XXIII condannasse le armi nucleari; giusto alla fine del digiuno fu pubblicata la enciclica *Pacem in Terris*, che ne chiede l'abolizione (n. 60). È stato poi nel 2017 che papa Francesco ha condannato del tutto le armi nucleari, anche il loro possesso e l'usarle per deterrenza nei rapporti internazionali. Purtroppo però nella pratica pastorale non tutta la chiesa (ad es. i cappellani militari) e non tutte le confessioni cristiane si schierano contro questo male strutturale; inoltre ancora la Chiesa cattolica non ha fatto proprio il concetto di peccato strutturale: esso è stato solo accennato poi dalla *Sollicitudo rei socialis* nel 1987 n. 36.

pretati come casi fortunosi e irripetibili. Perciò il suo voler introdurre nell'Occidente la non violenza in realtà recuperava anche una parte della storia occidentale, la migliore.

La sua innovazione era del tutto sensata: era il giusto riprendere il filo di un discorso tradizionale che fin allora non aveva mai avuto un preciso riconoscimento sociale e che lui ora qualificava con la comunità di tipo gandhiano perché interreligiosa, aperta a celibi e sposati, basata sul lavoro manuale e antiautoritaria. Egli ne ha dettato la regola, che ha raccolto il meglio delle regole degli altri Ordini; l'ha chiamata Comunità dell'Arca, intendendo la parola "Arca" sia come l'arca di Noé per salvarsi dal nuovo diluvio sull'umanità, sia come l'Arca della nuova alleanza sulla non violenza. Con ciò egli ha costruito un'ampia base spirituale sociale e storica al suo voler ricominciare la tradizione storica delle comunità.

4. Quale risposta ha ricevuto l'allarme di LdV dal mondo occidentale che domina l'umanità?

Con tutto ciò LdV ha trattato il bene e il male (anche sociale) in maniera completa e sistematica, a partire dalla persona fino al livello sociale mondiale; soprattutto ha caratterizzato senza equivoci il male supremo del nostro tempo, la Bomba. Ha anche suggerito l'alternativa: sia la uscita personale da quel male, sia l'esempio di come costruire comunità per iniziare una politica non violenta a tutti i livelli. Quindi LdV ha fondato il suo allarme per la sopravvivenza della umanità su quanto di più solido poteva, sia dal punto di vista spirituale (testi sacri), sia dal punto di vista sociale - politico (la sua analisi critica della civiltà occidentale fino alla situazione a lui contemporanea di cui denuncia i Due Blocchi e la Bomba), sia nel suggerire la pratica dell'alternativa sociale. Il tutto è senza cupi pessimismi allucinati, anzi ha avanzato una precisa proposta positiva.

La sua interpretazione di Ap. 13 indicava all'Occidente la necessità di una scelta drastica: uscire dal dominio dei due Blocchi sull'umanità affascinati dalle istituzioni sociali Scienza e la Tecnica (S&T). È chiaro che se il mondo occidentale avesse preso questa scelta avrebbe dovuto pagare un costo altissimo per la sua struttura sociale: 1) bandire le armi nucleari e tutte le armi simili; 2) in termini sociali, ciò avrebbe significato dismettere il "progresso"; in particolare, la costruzione di automobili come punta di diamante dell'industria mondiale, la crescita del PIL come misura "scientifica" del benessere di un popolo, l'economia capitalista che si caratterizza con la sua crescita all'infinito; 3) criticare a fondo Scienza e Tecnica, ridimensionarle e assoggettarle alla etica.

In effetti tutte queste scelte radicali sono scelte adeguate alla attuale età matura dell'umanità, che cioè deve saper gestire oltre che il mondo materiale, anche se stessa, soprattutto davanti alla prospettiva di un suicidio, decidendo cambiamenti strutturali quando sia necessario. Ma l'Occidente, invece di iniziare concretamente questa età matura, è rimasto legato alla sua tradizione storica.

È un fatto che l'allarme di LdV (come quello di altri: ad es. Weber, Heidegger, Einstein, ecc.[12]) non ha spinto a formulare, come ci si poteva aspettare, un'azione politica decisa (necessariamente mondiale) per fermare il pericolo del suicidio. Tutti questi allarmi di persone autorevoli sono stati sottovalutati come un infantile spavento di chi non è ancora cresciuto alla civiltà moderna. Essi sono stati messi da parte in nome di un progresso trionfante, il quale fa credere arrogantemente di avere potere su tutto, anche sul male il più appariscente e più angosciante: la Bomba. Infatti, nel 1953 il Blocco Ovest ha lanciato il grandioso programma "Atomi per la Pace", che ribaltava il pericolo mortale in una prospettiva di benessere: prometteva "energia pulita, gratuita e illimitata" a tutta l'umanità. Essendo la sinistra politica progressista, anche il blocco Est ha sostenuto la Bomba, credendola un progresso positivo per l'avanzamento storico dell'umanità verso la conquista del potere sociale da parte dei lavoratori. Cosicché ha partecipato a quel programma. Così tutte le grandi istituzioni scientifiche e politiche del mondo, credendosi le più sicure istituzioni mai realizzate dall'intelligenza umana, si sono sentite sicure per la prima volta nella storia di tenere sotto controllo tutte le forze dalla natura e quindi di assicurare uno sviluppo storico pacifico dell'umanità, pienamente regolato dalla loro efficienza senza precedenti. Perciò hanno promesso ai popoli un futuro di grande benessere per tutti.

In effetti, queste istituzioni hanno comunicato una colossale illusione, perché oggi, dopo settant'anni di investimenti enormi nella tecnologia nucleare, vediamo bene che non solo gli Stati non sono riusciti nemmeno a costruire a realizzare la fusione nucleare controllata (l'unica che potrebbe

---

12　Georges Orwell, Orson Wells, Jacques Ellul, Thomas Alister, ecc. Particolarmente significativa mi appare la analisi di E. Fromm: *Può l'uomo prevalere?*, Bompiani, Milano, 1963.

dare energia quasi illimitata); anzi, non sono riusciti a costruire centrali nucleari sicure. Soprattutto, non hanno posto rimedio al costante e incombente pericolo di morte nucleare dell'umanità. Anzi, proponendo il programma "Atomi per la Pace", le maggiori potenze nel mondo sono state fedifraghe: senza più essere contrastate da grandi opposizioni dei popoli (che erano in attesa del grande benessere), hanno accresciuto i loro arsenali nucleari a dismisura (da un migliaio a 60.000, sessanta volte di più di quanto basterebbe per distruggere il mondo). Cosicché hanno mantenuto e rafforzato il loro potere militare politico sulla umanità.

Sessanta anni fa LdV, posto davanti a questo muro di sordità e di cinismo del sistema di potere, razionalizzato da una pre-concezione scientifica della realtà, seppe programmare bene la sua azione. Nel suo tempo non era tanto necessario che egli si sforzasse di cambiare la politica occidentale, che era del tutto sicura di sé, combattendola ancor di più di quanto ha fatto, con manifestazioni sempre più grandi (come quelle famose che era riuscito a organizzare Gandhi in India); quanto lavorare per la alternativa, in modo da iniziare da subito la nuova società su basi umane solide. Infatti, come iniziatore della grande novità della non violenza gandhiana, egli doveva sia svilupparla, soprattutto traducendola in una coscienza spirituale e politica del suo tempo storico; sia fondarla su persone ben formate e su comunità capaci di compiere lotte non violente contro i mali sociali strutturali del tempo. Giustamente egli ha scelto la politica della profezia e dell'educazione[13].

5. I nuovi poteri mondiali del dopo 1989: Scienza e Tecnica

Nel 1989 la visione profetica di LdV, della malvagità teologica dei due Blocchi, si è realizzata con la forza storica popolare della non violenza. I popoli dell'Europa dell'Est, invece di paralizzarsi a causa delle spaventose armi nucleari, si sono scontrati con i loro sistemi dittatoriali con rivoluzioni non violente; e sono riusciti, a grande sorpresa di tutti gli strateghi militari e politici, a liberarsi dalle loro dittature quarantennali. Con ciò hanno sconvolto la politica internazionale: hanno posto fine al colossale

---

13   In proposito vedasi la sua riflessione sull'operato suo e delle sue comunità: Lanza del Vasto: "De quel droit nous appelons-nous Gandhiens?", in *Pages d'Enseignement*, Rocher, Monaco, 1975, 183-195.

esperimento politico del socialismo marxista-leninista, che era stato indirizzato in maniera sbagliata; e, facendo crollare il blocco Est, hanno posto fine alla umiliante servitù di tutti i popoli del mondo stabilita dalla divisione di Yalta nel 1945 dai quattro cosiddetti Grandi.

Dopo il 1989, non essendoci più le contrapposizioni-divisioni ideologiche radicali di prima, l'umanità aveva la piena possibilità di progettare *ex-novo* la politica internazionale. La "Agenda per la Pace" del Segr. Gen. dell'ONU, Boutros B. Ghali, ha programmato la nuova convivenza internazionale per quanto riguardava i conflitti internazionali: tutti questi potevano essere gestiti dall'ONU secondo il fine primario della sua Carta costitutiva, che è quella di eliminare "il flagello delle guerre" dalla storia umana[14]. Ma gli USA ("Non possiamo farci espropriare della nostra politica estera") non hanno voluto rinnovare il mandato a questo leader internazionale, che poteva iniziare una novità storica che avrebbe propiziato nuove soluzioni ad altri problemi mondiali.

Però, nei successivi trenta e più anni dal 1989, è diventato chiaro che il grandioso programma "Atomi per la Pace" era fallito (anzi, ha contribuito a dare la Bomba a diversi Stati); e il pericolo della autodistruzione nucleare era aumentato; basti dire che oggi il tempo di scoperta di un attacco nucleare di sorpresa si è abbassato da mezz'ora a pochi minuti, nei quali un governo dovrebbe prendere decisioni enormi sull'andamento della guerra e sulla possibile sopravvivenzza. Inoltre sono nati altri pericoli mortali per l'umanità: inquinamenti terrestri, biotecnologie, pandemie, intelligenza artificiale. Ma il sistema del potere mondiale non vuole vedere questi pericoli perché fa affidamento sui due suoi poteri per sopravvivere ad oltranza: il potere distruttivo delle sue potentissime armi con le quali pensa di saper distruggere "ogni forma di nemico" all'orizzonte; e il potere assoluto che una vetusta giurisprudenza internazionale ancora attribuisce agli Stati (che così tra loro continuano a mantenere un sistema di rapporti di tipo anarcoide); cioè, il potere mondiale si mantiene su due strumenti (armi e vecchia giurisprudenza) che sono inadatti sia ad eliminare i pericoli che minacciano l'umanità (infatti, quali bombe usare contro una pandemia?) che a stabilire un progetto giuridico mondiale di convivenza pacifica degli Stati.

Ma allora perché la popolazione non reagisce? Che cosa lega le mani all'umanità, fino a renderla impotente davanti ai pericoli della sua sopravvivenza?

---

14 B. B. Ghali: "Un'Agenda per la Pace. Diplomazia Preventiva - Pacificazione - Mantenimento della Pace", *Pace, diritti dell'uomo, diritti dei popoli*, n. 2 (1992), pp. 55-70.

Purtroppo da dopo il 1989, la tracotanza del sistema di potere è cieca e sorda non solo ai nuovi pericoli mortali mondiali, ma è anche cinicamente indifferente ad un esiziale pericolo spirituale e culturale: l'offuscamento della coscienza della popolazione mondiale, a causa di un progresso senza freni delle istituzioni sociali Scienza e Tecnica (S&T). Ricordo che secondo LdV esse oggi rappresentano le due Bestie di *Ap.*13. Nella politica mondiale del prima del 1989 S&T hanno fornito le bombe nucleari ai Due Blocchi (Est/Ovest), che così dominavano i popoli con l'enorme potere distruttivo. Oggi, essendo scomparsi i due Blocchi, S&T si presentano direttamente alla popolazione mondiale come potenze supreme; e da sole assoggettano tutti i popoli. La Scienza affascina con un sapere onnisciente e autosufficiente, tanto che ha superato ogni fantasia umana del passato; la Tecnica attrae con mirabilie entusiasmanti che ammaliano la gente; cosicché tutti i popoli ne sono conquistati (solo l'Islam vuole resistere loro; perciò viene indicato dall'Occidente come un popolo rimasto arretrato all'età feudale).

Oggi si vede che nella storia della civiltà occidentale prima il razionalismo cartesiano del "*Cogito ergo sum*" ha fatto perdere la ricerca spirituale del sé. Poi la (inspiegata) nascita della istituzione scienza ha causato un cambiamento radicale nella tradizionale cultura umana: ha portato al distacco della gente dalla spiritualità e alla lunga alla perdita della coscienza filosofica e infine di quella sociale. La storia dell'Occidente è poi andata avanti tra guerre (anche tra le sue religioni), rivoluzioni e costruzione di nazionalismi mitici (alla Hegel) che statalizzavano tutta la vita pubblica. Finché nel '900 le due guerre mondiali e le feroci dittature europee hanno segnato il periodo più buio per la spiritualità e della razionalità della civiltà occidentale. Dopo il secondo dopoguerra ci si è ripresi dalle enormi devastazioni belliche di questo periodo oscuro, ma navigando sottocosta, senza più saper proporre progetti a lungo termine, anche perché è sopraggiunta la terroristica Guerra Fredda tra i due Blocchi. Dopo la fine nel 1989 di questa forma di guerra, le istituzioni S&T hanno forzato l'umanità ad una compresenza globale mondiale che però, essendo soprattutto artificiale (solo le comunicazioni e per di più di massa) ha spossessato la gente dall'essere veramente consapevole di se stessa e del proprio procedere storico.

Oggi si vede che in questo procedere così precario dell'umanità al seguito dell'Occidente le superpotenze del mondo che negli anni '50-'70 avevano esaltato il progresso nucleare, di fatto, hanno preparato l'attuale nuovo dominio della S&T sulla popolazione mondiale, ben più invasivo e pesante che quello politico di Yalta.

Ma che tipo di asservimento è quello di oggi? Non è di tipo culturale. Oggi esistono Università in tutti i Paesi e ce ne sono anche di private sui temi più vari (ad es. le Università Verdi). Per di più tutti possono utilizzare gratis la sconfinata quantità di conoscenze di internet e le biblioteche sono aperte a tutti (come i siti pirati di libri, tipo Z-Library). Né l'attuale asservimento è di tipo politico ad una autorità costituita che imponga pubblicamente leggi sociali, perché il potere politico di S&T è anonimo ed impersonale (della bomba atomica che nel 1945 ha distrutto Hiroshima, non si può incolpare lo scienziato Einstein che nel 1905 ne ha scoperto la formula fisica fondamentale; né il pilota che ha sganciato la fatidica bomba. Inoltre non si può dare la colpa ai governi se in pochi anni le persone hanno scelto a miliardi di farsi assorbire la vita quotidiana da smartphone e tablet). Allora perché su S&T c'è una sostanziale uniformità di pensiero e di consenso, nonostante che nel passato persone illuminate le abbiano rivolto critiche radicali?

6. L'atteggiamento feticista verso S&T

L'analisi critica di LdV indica che l'asservimento a S&T ha un nome che non si crederebbe adatto ai tempi moderni, sviluppati culturalmente ed eminentemente razionali: *il feticismo* verso di loro.

Ma nei tempi precedenti questa tendenza feticista della civiltà occidentale era già nota. Il primo feticismo di tipo moderno è nato con l'adorazione della Dea Ragione durante la Rivoluzione Francese. Esso è poi rimasto negli intellettuali seguaci di un razionalismo estremo.

Ma poi Karl Marx ha distintamente denunciato una nuova forma di feticismo: la società capitalista ha fatto della merce il feticcio della vita sociale[15]. Secondo Marx il feticismo riguarda le creazioni umane che sfuggono al nostro controllo, assumono una apparenza di indipendenza e così ritornano a noi come oppressioni. Il feticismo in Occidente è rinato con la introduzione della moneta che misura ogni cosa della vita sociale: col

---

15 La sua critica è principalmente nel Capitolo I di K. Marx: *Il capitale*, che fu pubblicato nel 1867. È ripresa nel Capitolo III, che fu pubblicato postumo. È stata anticipata da quella di Ludwig Feuerbach alla religione come feticismo delle caratteristiche umane. Di questo e di altri feticismi, Marx ha voluto considerare le cause le quali sarebbero da cercare nei rapporti economici. Hanno ripreso e sviluppato questa critica Gyorgy Lukàcs, Walter Benjamin, Theodor Adorno e più recentemente Jean Braudillard.

capitalismo anche il lavoro umano è merce[16]; per cui dentro il mercato l'acquirente in possesso di danaro ha un rapporto feticista verso le merci secondo "la religione degli appetiti sensuali". Cosicché la intera società borghese è "come uno stregone che non è più capace di controllare le potenze dal basso che egli ha suscitato con i suoi sortilegi."[17]

La nascita del capitalismo ha creato nella vita sociale un ulteriore feticismo moderno, descritto da Max Weber: quello del capitalista verso il capitale. Siccome il capitalismo può ben essere definito come quel fenomeno economico che porta ad accumulare moneta all'infinito, per perseguire questo accumulo un capitalista deve dedicargli tutta la vita, così come faceva un asceta religioso.[18] Perciò il capitalismo è stato originato dalla decadenza di una forma di ascesi cristiana (protestante) verso Dio infinito in una crescita materiale su questa terra.

Per andare a fondo di questo tema del feticismo, vediamo che cosa dice quel brano Ap. 13, 3-8 sulle due Bestie, interpretate da LdV come S&T:

> Allora la terra intera, presa d'ammirazione, andò dietro alla bestia e gli uomini adorarono il drago perché aveva dato il potere alla bestia, e adorarono la bestia dicendo: "Chi è simile alla bestia e chi può combattere con essa?". Alla bestia fu data una bocca per proferire parole d'orgoglio e bestemmie, con il potere di agire per quarantadue mesi. Essa aprì la bocca per proferire bestemmie contro Dio, per bestemmiare il suo nome e la sua dimora, contro tutti quelli che abitano in cielo. Le fu concesso di fare guerra contro i santi e di vincerli; le fu dato potere sopra ogni tribù,

---

16 La scientificizzazione della realtà culturale è stata indicata da Alexander Koyré (*Dal Cosmo chiuso all'Universo infinito* (orig. 1957), Feltrinelli, Milano, 1971) quando ha ben caratterizzato la nascita della scienza moderna con due frasi caratteristiche: "Geometrizzazione [monetizzazione delle merci] dello spazio [del mercato] e dissoluzione del Cosmo finito [del lavoro artigianale]"; dove, tra parentesi quadre, ho inserito le parole che fanno riferire le due frasi caratteristiche alla scientificizzazione della monetizzazione dell'economia. La pregnanza delle parole inserite mostra che le due scientificizzazioni possono essere messe in parallelo. Anche perché Marx usa la parola "dissoluzione" per caratterizzare la decadenza delle relazioni del lavoro artigianale a causa di quelle del lavoro salariato formalizzate dalla moneta; la stessa parola usata da Koyré per indicare la scomparsa dell'antico Cosmo chiuso.

17 K. Marx e F. Engels: *MEGA*, Diez, Berlin, 1976, p. 489. In più si ricordi che per Marx il capitalismo si compendia in una formula trinitaria (lavoro salario, capitale-profitto, terra-rendita fondiaria) che quindi riporta il capitale, che il capitalista deve sempre far aumentare, alla Trinità divina.

18 M. Weber: *L'etica protestante e lo spirito del capitalismo europeo* (orig.1905), Rizzoli BUR, Milano 1991.

popolo, lingua e nazione. La adoreranno tutti gli abitanti della terra, il cui nome non è scritto nel libro della vita dell'Agnello, immolato fin dalla fondazione del mondo.

Quello che la nostra esperienza storica del dopo 1989 ci dice di aggiungere a questo testo è che l'adorazione di cui si parla nel testo in realtà è un feticismo, semplicemente perché quella Bestia (la istituzione sociale Scienza) è stata fatta dagli uomini stessi (sia pure collettivamente e in un lungo periodo di tempo)[19]. Proprio perché i nostri tempi sono razionali, ma con una razionalità che è organizzata in forme sociali moderne, è allora nata una spiritualità-religiosità mai sperimentata; il feticismo prima verso la Dea Ragione durante la Rivoluzione Francese e ora quello verso la Scienza sono ben adeguati all'alto livello di sviluppo della società moderna, perché essi hanno una forma massimamente "superiore" a tutti i feticismi precedenti nella storia: ora il feticcio non è fatto di materia, ma è intellettuale; chiede un comportamento non di obbedienza cieca, ma di razionalità obbediente, che già ha avuto come compenso l'aver introdotto tutti gli uomini a una realtà storica assolutamente nuova: vivere l'infinito, il che ha affascinato e trascinato la civiltà occidentale.

Ma si noti che il perseguire un infinito assoluto, di per sé irraggiungibile (come è la Scienza) significa votare la propria vita ad una ascesi illimitata verso un obiettivo astratto che assorbe tutte le energie vitali della persona. Cosicché il primo rapporto di subordinazione che si subisce dalla Scienza è dovuto al fatto che essa si sostituisce autoritariamente nel compito della persona di essere coscientemente presente a se stessa.

Poi tra pochi anni l'intelligenza artificiale porterà a compimento questo svuotamento della persona, andando a spossessarla completamente non solo dal lavoro manuale e dalla attenzione a se stessi, ma anche (peri-

---

19 Il feticismo per la Scienza appare anche in un'altra forma, che riguarda soprattutto gli Stati. Il libro K. Lewin: *Il Rapporto segreto dalla montagna di ferro sulla possibilità e desiderabilità della pace*, Bompiani, Milano 1968 (attribuito al grande economista Robert Galbraith), sostiene che vince la guerra non lo Stato che ha la maggiore potenza industriale, ma quello che ha la ricerca scientifica più avanzata. Quindi è la Scienza che fa vincere la guerra e che così appare come la risolutrice di tutti i conflitti umani in generale, secondo l'ideale di Leibniz: "*Calculemus!*". Data questa fede nella Scienza, oggi questo ideale viene adottato anche dalla popolazione: per liberarci da ogni conflitto (anche quelli interiori) affidiamoci ai calcoli compiuti dalle istituzioni scientifiche competenti.

colo ancor più importante) dal lavoro intellettuale; la persona, diventata definitivamente ignorante di se stessa, delegherà al progredire incessante della scienza la sua naturale tensione ad una progettazione della propria vita. Allora non è affatto sorprendente che oggi l'umanità sia diventata incosciente della propria storia e della propria situazione globale.

L'altra Bestia è, secondo LdV, lo Stato-macchina che poi ci ha lasciato in balia della Tecnica.

> Essa esercita tutto il potere della prima bestia in sua presenza e costringe la terra e i suoi abitanti ad adorare la prima bestia.... Opera grandi prodigi, fino a far scendere fuoco dal cielo sulla terra davanti agli uomini. Per mezzo di questi prodigi, che le fu concesso di compiere in presenza della bestia, seduce gli abitanti della terra, dicendo loro di erigere una statua [una permanente e solida istituzione sociale] alla [prima] bestia.... E le fu anche concesso di animare la statua della bestia, in modo che quella statua perfino parlasse e potesse far mettere a morte [sociale] tutti coloro che non avessero adorato la statua della bestia. Essa fa sì che tutti, piccoli e grandi, ricchi e poveri, liberi e schiavi, ricevano un marchio sulla mano destra [nei rapporti personali] o sulla fronte [nel pensiero], e che nessuno possa comprare o vendere senza avere tale marchio...

Oggi la Tecnica non è tanto una relazione tra le persone e il loro ambiente materiale, quanto una maniera di organizzare tutta la società. Infatti essa è padrona non solo della materia (si pensi alle infinite forme di plastica), ma anche della materia vivente, in quanto riesce a trasformare la vita sociale, ormai quasi tutta artificiale; e lo fa così estesamente e invasivamente che la naturalezza della condizione umana è diventata un ingombro per il suo progresso. Per cui per seguire il progresso di S&T la persona deve spossessarsi sempre più della sua natura umana.

Quindi che cosa di più moderno del feticismo verso queste due colossali costruzioni sociali, S&T, realizzate gloriosamente dalla civiltà occidentale e mai immaginate nei tempi precedenti e ora così potenti sulla vita personale e sociale?

7. Quale prospettiva futura?

Sessanta anni fa il cammino storico dell'umanità ha incontrato la minaccia del suicidio nucleare; ma non ha saputo porre mano a questo male ultimo; e anche oggi vengono evitate le decisioni coraggiose su altri problemi simili, che nel frattempo sono sopraggiunti (ad es. ecologia). Oggi subiamo la jattura della sordità e cecità del potere mondiale.

Ma oggi c'è anche la jattura della attuale incoscienza dei popoli verso i pericoli della loro sopravvivenza. Chiaro segno di questa seconda jattura è che tuttora non è sorto un leader politico (ad es. ONU) o spirituale (ad es. papa Francesco) o un movimento mondiale che, superando il ritardo collettivo della coscienza comune proponga alla politica internazionale una precisa strategia per eliminare i pericoli per l'umanità.

Se cerchiamo di immaginare quando e come l'umanità riprenderà coscienza, dobbiamo prospettarci un cammino comune del tutto nuovo e lungo. Per prima cosa l'umanità dovrà maturare una minima saggezza collettiva, prima di tutto su S&T, per poi concordare una minima etica comune mondiale, con la quale infine iniziare una decisa azione politica comune. Tutto ciò richiede molto tempo, sia a livello di convinzioni delle popolazioni che a livello di accordi tra gli Stati in sede ONU. Per cui oggi vediamo che per non aver saputo finora por mano al male ultimo (il suicidio dell'umanità sin dalla sua prima forma, quella nucleare) impostando una minimamente adeguata etica comune mondiale, l'umanità dei nostri tempi si è condannata da sola a soffrire in futuro molti mali penultimi, che educheranno l'umanità in maniera forzosa ad una politica comune che sia adeguata alla gravità della situazione; ci vorranno più generazioni che soffrano sulla loro pelle una serie di disrupt sociali causati dai mali penultimi per educarsi faticosamente ad una politica comune.

E l'Occidente, che è il principale responsabile di questa situazione, non sarà certamente il primo a intraprendere la nuova strategia a livello mondiale; ma saranno altri popoli che la insegneranno.

8. Può la politica non violenta far nascere una alternativa?

Ma vediamo se la ideologia politica che oggi è più interessante, quella non violenta, può indicare un futuro diverso. Oggi questa ideologia ha un grande vantaggio su quelle di tutti gli altri movimenti politici nel mondo: prende il problema odierno dalla testa, senza perdersi in problemi parziali e soluzioni solo approssimanti quella necessaria: in opposizione alla incoscienza generata da S&T, che porta tutti a vivere una sopravvivenza da consumatori asserviti. Essa ha costruito una precisa coscienza storica. LdV ha insegnato che l' "eroe occidentale" avrebbe perseguito un fatalismo attivo di autodistruzione; e nel 2002 il non violento Johan Galtung ha specificato che l'impero USA sarebbe crollato dopo pochi anni[20]; Oggi vediamo che il fatalismo dell'eroe occidentale si è manifestato a tutti: la idea-guida della sua politica del dopo '89 (la globalizzazione) ha fatto nascere potenze economiche comparabili con la sua, le quali le sono diventate agguerrite rivali (Europa, Cina, Russia)[21]. Inoltre, attualmente è chiaro a tutti che questo eroe ha voluto lanciare guerre che oggi appaiono controproducenti (il 18 ottobre 2023 anche Biden ha ammesso che dopo l'11 settembre 2001 gli USA hanno sbagliato: "Accecati dalla rabbia per l'attentato dell'11 settembre abbiamo commesso degli errori…"), Quelle guerre hanno lasciato un enorme carico di morti e hanno distrutto la vita sociale di molti popoli; i quali ora chiaramente vedono negli USA il pericolo principale. In più gli USA, con la loro politica per l'allargamento a tutti i costi del patto militare NATO a tutti i Paesi europei, hanno creato una aggregazione (militare e di potere mondiale) dei "Paesi democratici" contro le "autocrazie" di tutto il mondo; ma ciò nel mondo ha favorito una opposizione politica ed economica di molti Stati (in particolare quelli del BRICS) che sono stanchi della egemonia USA sul mondo. Il loro scopo politico è nuovo ed è in linea con la non violenza: non è la soppressione dell'avversario con una ulteriore guerra mondiale, ma la condivisione plurale delle decisioni politiche internazionali, cioè un pluralismo che rappresenti le tante progettualità possibile dei diversi popoli.

Oltre il vantaggio di avere una precisa coscienza storica, la politica non violenta indica anche l'obiettivo politico decisivo di questo tempo: per sua natura (universale) e per l'esempio storico di Gandhi, la politica non violenta, ha come obiettivo la ricongiunzione di Oriente ed Occidente; essa quindi lavora per il passaggio dalla attuale civiltà, solo occidentale, ad una civiltà mondiale. Per la quale civiltà essa si pone come base politica fondamentale per proporre la convivenza pacifica di più strategie e più politiche, e cioè dare luogo ad un essenziale pluralismo che sappia risolvere i conflitti internazionali senza guerre (giusto ciò che ha cominciato l'ONU ottant'anni fa).

Inoltre la politica non violenta sa criticare in maniera decisiva S&T, perché esse introducono nella vita sociale un potere politico che non è democra-

---

20 J. Galtung: *The fall f US Empire. And then?* Transcend University Press, 2002.
21 A. Drago: *Coronavirus: dove porta la sua Arca papa Francesco-Noè?*, Atti della Summer School di San Gimignano, 2022.

tico; invece la politica non violenta vuole la autonomia e la autogestione. Inoltre la politica non violenta vuole risolvere i conflitti in maniera diametralmente opposta a quella di S&T: essa, invece che sul "Calculemus!" di S&T, si basa sulla creatività delle risorse umane che utilizzino solo mezzi umani; perciò il potere sociale di S&T deve essere subordinato alla etica, in modo da dare spazio alla risoluzione non violenta dei conflitti umani e internazionali.

Dal secondo dopoguerra anche in Occidente ha incominciato ad operare una politica non violenta. Per prima cosa i non violenti hanno dovuto lottare per conquistare la piena cittadinanza pur rifiutando le armi (lotta dell'obiezione di coscienza al servizio militare). In quasi tutti i Paesi occidentali essi sono stati vittoriosi ed hanno pure suggerito progetti credibili per una alternativa nel settore statale della difesa nazionale. Ma questi progetti si sono fermati perché hanno trovato gli stessi ostacoli incontrati dopo il 1989 dalle lotte vittoriose dei popoli dell'Est Europa e che tuttora sono i maggiori oppositori di ogni politica che tenda a risolvere i problemi (nucleare, ecologico, biotecnologico, intelligenza artificiale) che minacciano la sopravvivenza dell'umanità: gli Stati liberali, che sono resi quasi inamovibili da una secolare tradizione giuridica e politica.

Perciò dal 1989 i non violenti debbono risolvere un problema politico cruciale: la costituzione di uno Stato non violento così come lo ha prospettato Gandhi: una federazione di città-villaggi-comunità di base (molto vicina allo Stato federativo svizzero).

Questa è una quarta forma di Stato; essa viene dopo lo Stato *liberale*, iniziato dalle rivoluzioni inglese, americana e francese; dopo quello *socialista*, malamente impostato da Lenin nel 1919 come dittatura su un popolo poco cosciente, e ora sopravvissuto in forme ibride (Cina, Cuba); e dopo quello *arabo* che vuole congiungere la democrazia con la tradizione araba; congiunzione che da oltre quarant'anni il popolo iraniano cerca al di là della attuale teocrazia e che nel 2011 le rivoluzioni delle primavere arabe hanno rivendicato.

Al momento, lo *Stato liberale* si pone come l'unico possibile. Ma esso ha una lunga crisi (vedi la sua inspiegata degenerazione addirittura in dittature in Europa). La crisi si è aggravata dopo il 1989 perché ha lasciato che il capitalismo costituisse liberamente i suoi "paradisi fiscali" e che generasse una finanza come una colossale macchina virtuale che macina danari a livello di organizzazione unitaria di tutte le Borse del mondo;

le quali comunicano tra loro alla velocità quasi della luce e compiono miliardi di operazioni in pochi secondi, con un fatturato sui cento mila miliardi di dollari, cioè quanto il prodotto mondiale lordo. Tutto ciò al di fuori di ogni legge e ogni tassazione statale, perché questo tipo di finanza appare l'apice del progresso scientifico dell'economia e quindi questo loro "progresso" non deve assolutamente essere fermato. Anche se esso causa da un giorno all'altro il crollo economico di interi Paesi (vedi la crisi dei Paesi detti "Tigri del Sud Est asiatico" nel 1997-98); e anche se le Banche che speculano in questa finanza compiono degli errori e fallimenti colossali; allora, nel 2008 lo Stato più liberista di tutti, gli USA, interviene d'autorità nell'economia nazionale per ripianare i loro debiti con i soldi delle tasse estratte dalle tasche dei cittadini, per un totale di un migliaio di miliardi di dollari. Oggi lo Stato occidentale (liberale) è (moltissimo) debole con i forti (finanza) e forte solo con i deboli (i cittadini rimasti senza strumenti democratici)[22].

Ecco che così si è creato un ulteriore feticismo: quello che lo Stato, costituito come complesso razionale di leggi, rivolge ad un macchinismo virtuale mondiale, la turbo-finanza, che è al di fuori e al di sopra di ogni legge statale e che ha il potere, con i suoi sconvolgimenti, di distruggere l'economia dei popoli. Anzi questo è un super feticismo; perché ora l'adoratore non è più una singola persona, ma è la volontà collettiva di tutte le persone, espressa dallo Stato. Non è allora un caso che la democrazia non funzioni più, dato che non decide più i primi problemi della collettività; e non è un caso che tutti i governi occidentali siano traballanti, divisi da lotte laceranti tra direzioni politiche particolaristiche; e che i partiti non gestiscano più un sostanzioso dibattito democratico e che quindi gran parte della popolazione si sia allontanata dalla politica.

Lo *Stato socialista* ha una sua importante presenza nel mondo per la grande quantità della popolazione che gestisce: Cina, Cuba, Myanmar, Corea del Nord; ma da dopo il 1989 non ha alcuna idea comune su che cosa debba essere una organizzazione statale socialista.

---

22 Le guerre Ucraina-Russia e Israele-Hamas rappresentano il ritrarsi di Stati liberali decaduti in una politica militarista. La crisi NATO-Russia (con conseguente guerra in Ucraina) era l'occasione per i Paesi europei di compiere un salto di qualità nella politica per la pace mettendo in atto una mediazione intelligente; invece essi sono caduti in un militarismo dei vecchi tempi. In questo scenario non è del tutto strano che la guerra Hamas-Israele ci abbia riportati alle peggiori barbarie della storia umana, senza che l'Europa se ne distaccasse con decisione.

Lo *Stato arabo* ha compiuto un oscuro inizio nel 1979 in Iran come poco più che una teocrazia, poi in parte nella Libia di Gheddafi, e poi sempre in piccola parte in Tunisia ed Egitto; ma in generale non si ha nessuna idea precisa di come coniugare la *shari'a* con le leggi di una democrazia parlamentare, a incominciare dai diritti delle donne.

Lo *Stato non violento* oggi è tutto da costituire. La sua distanza dallo Stato liberale è quasi abissale; e per di più le comunità non violente attuali sono poche e non collegate tra loro: la lezione fondamentale di Gandhi e di LdV ancora fa fatica a realizzarsi in grandi gruppi di comunità. Certamente ci vorranno vari decenni perché ci sia un inizio concreto di aggregazioni quasi - statali non violente.

In totale, la politica non violenta oggi, benché molto avanzata, non risulta avere la capacità di impostare una strategia mondiale e darle il supporto sociale necessario per realizzarla.

Comunque in questo tempo ci sono alcune azioni politiche non violente condotte da attori politici non dichiaratamente non violenti. Le principali sono le seguenti.

1) Al di fuori del mondo occidentale tanti Stati sono in una ricerca attiva di novità statuali che modificano profondamente la tradizione occidentale: ad es. la Costituzione di Ecuador e Bolivia è basata sui diritti della Madre Terra; e questa base è stata proposta anche all'ONU. (Non è invece una innovazione lo Stato d'Israele, che piuttosto è di tipo nazionalista e colonialista (alla cui politica si è unita la forte componente religiosa tradizionale che rivendica assolutamente la "Terra promessa da Dio"), tale quindi da rinnovare la piaga storica degli Stati nazionalisti europei dell'Ottocento).

2) Il movimento mondiale ecologico di Greta Tunberg; esso dimostra che oggi si può agire dal basso e non violentemente per affrontare i problemi della sopravvivenza dell'umanità.

3) Nel gennaio 2021 l'ONU ha finalmente compiuto una azione politica mondiale di importanza decisiva: il Bando ONU delle armi nucleari. Questo atto giuridico ha iniziato lo scontro con la politica militare delle superpotenze nucleari. Il che inizia una vera politica per fermare il pericolo del suicidio nucleare dell'umanità. Inoltre questo Bando la prima volta propone di bloccare il progresso tecnologico attuale, tagliandone la punta di diamante nel settore più avanzato, quello nucleare. Ciò inizia una politica di ripensamento su S&T.

4) Il capo del "non-Stato" del Vaticano e capo della religione cattolica (con un miliardo di fedeli), papa Francesco, sta desacralizzando e dissacrando la

guerra: mina ogni motivazione ad essa con le sue frasi "La guerra è una pazzia" e "Ogni guerra è una sconfitta"; e propone lo slogan "Nessuna guerra in nome della religione". Dopo che l'ONU aveva iniziato una timida prassi verso l'abolizione delle guerre nel mondo, questo insegnamento del papa è l'inizio spirituale ed etico per formulare una politica precisa per realizzare l'obiettivo.

5) Il Sud Africa, uscito con grande gioia mondiale dall'apartheid dei bianchi sui neri mediante un processo di pace (guidato da Mandela), oggi ha giustamente accusato Israele davanti alla Corte Internazionale di Giustizia (principale organo giuridico dell'ONU) di possibile genocidio verso una popolazione che a Gaza vive in una prigione a cielo aperto. E questa azione giuridica non violenta ha avuto una sua efficacia: la Corte ha posto all'azione di Israele dei vincoli che indicano di fatto la necessità di finire questa guerra.

Ma giustamente si può obiettare che tutto ciò è ancora minoritario. Per cui a molti la proposta politica non violenta, vittoriosa nel 1989, oggi appare ancora una volta utopica rispetto ai grandi problemi mondiali.

Sapranno i nonviolenti superare la politica del salvarsi l'anima con una buona vita solo piccolo comunitaria per realizzare ancora una volta (dopo il 1989) una rivoluzione popolare (un abrupt mondiale, però causato non da forze sociali istituzionali, ma dalle popolazioni) che faccia il salto di qualità per una nuova politica mondiale?

In effetti, questo salto politico, benché molto alto, non è impossibile, perché esso è molto minore di quello che prima del 1989 esisteva tra il piccolo movimento non violento in Europa Ovest e l'obiettivo politico (fine dei Blocchi).

In definitiva, cercasi una rivoluzione mondiale non violenta, della quale le manifestazioni avvenute nel 2003 in tutte le città del mondo contro l'inizio della guerra all'Iraq sono state un anticipo, perché hanno indicato la possibilità di una "seconda superpotenza" contro l'unipolarità del comando mondiale della superpotenza USA.

L'UOMO CHE DIO INCONTRA

di Paola Biavardi

Abstract

La comunicazione intende portare all'attenzione e interrogare la forma antropologica che ha condotto la «nostra civiltà» al limite del nulla, rilevando come proprio quel livello – liberato dalle derive che insistono sul *deficit* umano o, all'opposto, sull'ideale di *superuomo* – costituisca lo snodo cruciale che è in grado di propiziare un riorientamento culturale.

Il percorso mira a rilanciare in chiave costruttiva, la singolarità dell'umano quale "finitudine completa", che emerge e persiste in una drammatica relazionale.

Dentro a un simile orizzonte, si aprono condizioni di possibilità che permettono ai contemporanei occidentali di tornare a "concedersi fede", così da cimentarsi nell'impresa di ricerca di Dio, che comprende la disposizione a essere trovati.

1. Crisi: la cultura occidentale nel fastidio di credere

La «nostra civiltà» sembra avviata verso «occidente», verso il «tramonto», verso il «nulla». Molti, da lungo tempo, in ambiti diversi di studio del reale, si sono impegnati su tali analisi.

Mi soffermo a considerare un solo tratto, quello che attiene lo specifico della dimensione religiosa, per osservare come la categoria «fede» e, ancor più, l'esperienza umana corrispondente a tale parola suonino come estranee alla nostra epoca e al suo sentire profondo.

È sorta dentro questa cultura una specifica e inedita figura di fede nel modo della sua negazione: l'*unicum* della non-fede, appunto! Tale novità non potrà essere liquidata in fretta. Dobbiamo riconoscere che mai come oggi, mai come qui è stato ed è del tutto possibile vivere privati dell'umana dimensione credente[1]. Di fatto, è possibile – forse per la prima volta nella

---

[1] La "normalità" dell'adesione di fede di altre epoche è neutralizzata e ricondotta alla sola valenza umana, sia nella forma dell'impegno e del volere personale, sia in quella del disim-

storia del pensiero umano – ricevere o impostare una vita in cui non si diano mai la domanda e l'apertura all'altro da sé, in cui l'autosufficienza è perseguita come bene, come obiettivo da raggiungere.

Avere fede non è opzione immediatamente disponibile: richiama scenari altri, lontani, esterni a sé, a un tempo complessi e *naïf*: da una parte *avere fiducia* evoca una disposizione (troppo) semplice, ingenuamente infantile, dall'altra sembra impossibile a motivo della sua intrinseca difficoltà.

2. Crisi per insufficienza antropologica

È chiaro a tutti come nella cultura occidentale si sia prodotto uno spostamento radicale positivo che ha permesso all'umano di nascere a se stesso, di mostrare la sua ormai permanente consistenza e presenza.

Tuttavia, spesso, un simile guadagno ha fatto fatica a trovare la propria dimensione: il soggetto si è configurato in modo autonomo, arroccato nel proprio io, teso a ricondurre tutto a sé senza lasciare margini a una realtà altra, consistente in se stessa.

La riduzione-a-uno, la riduzione-a-io, è categoria in grado di indicare un dinamismo cruciale, attivo nella profondità dell'epoca moderna: l'"ubriacatura" soggettivista fagocita il reale assoggettandolo alla propria categorizzazione e facendosene costruttore, annulla o riassorbe ogni alterità e così annienta il radicamento che rende possibile dirsi e dire «io». La coscienza individuale rimane senza nessun appiglio, chiusa nella gabbia che la costringe a girare a vuoto su se stessa, dentro a ciò che può essere nominata «esperienza di nulla». Tale processo di «soggettivizzazione» si salda con una forma di ragione che fa prevalere il codice deduttivo, la logica causale e tecnico-applicativa, l'attitudine a escogitare e mettere in atto procedure.

---

pegno e del disinteresse, anche in nome di una libertà di coscienza che non regge più eteronomie. Arginare e chiudere le domande di senso in modo che possano essere affrontate sul versante solo-umano è via di sapienza contemporanea che oblitera il trascendente.

2   Molte forme risultano di fatto inservibili: credere per spiegare ciò che è fuori dalla portata umana e dai suoi limiti; credere per accapparrarsi una ricompensa o un premio, un posto eterno; credere per superare e rendere perfetta o immortale la condizione umana; credere per il bisogno di rassicurazione e conforto laddove il vivere mostra impossibilità; credere come esercizio di evasione dal reale alla ricerca di un rifugio senza tempo; credere perché il desiderio di infinito umano abbia una realizzazione estatica nell'infinito divino.

I parametri di sicurezza, che una certa idea di scientificità ha lungamente richiesto, sono applicati a ogni dimensione umana. La formula diventa «correre nessun rischio», con l'aiuto della capacità di calcolo e di previsione. Potremmo dire che non si ha alcun desiderio dell'im-ponderabile!

Nel cambio di codice antropologico le categorie più vessate diventano libertà e futuro: la prima è ridotta ad arbitraria adesione a procedura o a sistema, che si vogliono da lì in poi garantiti e prevedibili, dapprima pensati e di conseguenza eseguiti; del secondo è percepita tutta la scomodità, il gravoso investimento richiesto per sottometterlo. La novità non è ben vista ed è salutata come spossante e scomoda.

Dentro al congegno per cui «l'uomo è tutto», i modelli teologici sono tentati di reagire cercando il posto di Dio nella mancanza umana: limite, peccato, morte... diventano vie maestre di apertura al divino, di accesso a Dio che colma mancanze. Così l'intervento salvifico si lega, di necessità, al bisogno umano.

Emerge un duplice problema: è depotenziata la forma divina, messa in posizione subordinata e reattiva rispetto a un umano mancante e bisognoso, chiamata a intervenire come imbrigliata in un automatismo di compensazione; è depotenziato l'umano dato che la sua apertura all'altro ha mancanza e debolezza quali motivazioni prevalenti. È lecito il sospetto che si usi l'altro (anche Dio) in modo funzionale con l'obiettivo di fuggire dalla necessità di portare, con le proprie forze, il peso della condizione semplicemente umana.

Questi cenni mostrano come dall'epoca moderna esca un umano disintegrato poiché è posto nell'alternativa di essere tutto o niente: *superuomo* che tutto comprende o essere identificato con il suo *deficit*, privo di consistenza.

Basterà decretare il fallimento e l'implosione nichilista del soggetto che arriva al vertice della modernità e lì si auto-disintegra? Diventa possibile un «riorientamento» della nostra cultura dentro a un tale «nulla» che colpisce al cuore il suo proprio guadagno più profondo e originale: la nascita a se stesso del soggetto umano?

3. L'umano in tutta la sua singolarità: «finitudine completa»

L'intervento di «riorientamento» si concentra sulla figura antropologica, poiché riteniamo che la crisi abbia lì il suo luogo di insistenza.

Nella sintesi della proposta che vado a esplicitare l'essere umano emerge come «finitudine completa».

L'espressione tenta di mettere l'accento sulla pienezza della soggettività umana, valorizzandone identità e unicità. Se in essa la «finitudine» (limite, temporalità, contingenza, mortalità, corporeità…) è condizione insuperabile, è possibile che sorga una persona riconciliata appieno con la propria condizione umana né sottovalutata né esaltata.

Obiettivo non è cercare varchi di superamento della mancanza in cui lo scarto è annullato (per esempio, il finito si scioglie nell'infinito, il tempo nell'eterno, ecc…). La condizione di parzialità non è un accidente, ma dice, a livello essenziale, la configurazione di un'identità originale, non sminuita, che, piuttosto, si esprime nella sua pienezza[3].

Detto altrimenti, la riconciliazione con i propri confini – la tematizzazione e assunzione del limite – non chiude di necessità l'orizzonte, gettando in scacco radicale la possibilità umana, ma costituisce principio di individuazione, di unicità, in cui la persona è se stessa, compiuta in pienezza, nel dipanarsi della sua propria storia. Si tratta di riconoscere e assumere fino in fondo la pienezza del proprio essere-finito, come tipologia specifica degli esseri che abitano il cosmo.

Con l'espressione «finitudine completa» intendo indicare l'umano non come nullità da soccorrere, né autosufficienza chiusa in sé, ma soggettività da incontrare, resa capace di relazione a partire dalla totalità di sé e non (obbligatoriamente) dal bisogno. In tale antropologia, il "dramma" dell'essere definiti, dell'avere limiti e confini, dell'essere continuamente ricondotti all'im-possibilità, in un contesto che torna a essere reale e resistente a ogni conquista rapace e assoggettante (ampio e debordante rispetto a ogni categorizzazione elaborata dall'intelletto), diventa "promessa", apertura ad alterità che potrà essere incontrata per la sua qualità vitalmente ospitale e benevolente.

4. Credere nella relazione

La sintesi antropologica indicata come «finitudine completa» dispone all'incontro senza che esso sia esibizione di un vuoto da colmare in forma

---

[3] Si noti che tutte le operazioni polari di disconoscimento o assolutizzazione, di superamento per cancellazione o di sottrazione alla presa in carico del limite, giungono prima o poi a disintegrare o svuotare la persona, lasciandola senza mezzi e rendendola impossibile dall'interno. Il "no" è stato spesso estromesso e negato in modelli antropologici che hanno reso ipertrofico di volta in volta intelletto, ragione, corpo, vitalità, volontà…; dall'altra parte, in altri modelli speculari e per nulla risolutivi, il limite va a coincidere con l'umano stesso identificato come nullità – come variante naturalista per esempio – come elemento illuso di una singolarità di cui è del tutto in-capace.

reattiva e senza che sia reso impossibile da un egocentrismo ripiegato e autosufficiente. Identità e unicità personali sono dati sempre e solo in contesto relazionale; la struttura umana è costituita dialogica nella sua essenza, senza che per ciò stesso la soggettività sia penalizzata, visto che proprio in tale singolarissima reciproca nasce a se stessa.

È a questo livello che può aprirsi il percorso esistenziale che si pone sulle tracce dell'alterità divina, qualificata come "paradossale" poiché "più intima a noi di noi stessi" e nel medesimo tempo non riassorbita nelle funzioni soggettive.

Si considerino le due modalità polari: l'arroccamento credente da un lato e il discredito pregiudiziale del credere dall'altro. Nessuna delle due dà ragione di una forma antropologica integrale e complessa, in cui l'apertura di fede ha una sua collocazione e corrisponde alla domanda sulla verità di sé che da sempre accompagna la vita umana.

Quando si sia deposto un costrutto semplificato della certezza che va a cristallizzare un umano sicuro-di-sé, la figura di fede che i contemporanei possono concedersi, in grado di aprire nuovi cammini di consapevolezza e dare corpo alla creatività della ricerca, è quella che può essere resa con la cifra di «ipotesi». Non si tratta di una categoria che ammicca al relativismo, piuttosto qui «ipotesi» è il nome della più alta concessione di sé possibile a un soggetto. È disposizione d'animo che dice apertura, pro-tensione di sé, uscita dal monolitismo preteso sicuro dell'io; non sospensione di sé, quanto pieno investimento nell'impegno esistenziale. Il termine nomina l'esperienza di riconoscimento dell'incapacità umana ad adeguare il tutto del reale, la presa di coscienza della propria limitatezza e, nello stesso tempo, costituisce già la "cura", è già la reazione al pungiglione nullificante o all'auto-insidia che vorrebbe ridurre l'io a nulla, visto che non può essere tutto.

È l'atto per cui, raccogliendomi tutto, mi concedo a ciò che non sono io, all'alterità più radicale che non potrò mai adeguare, né che mai si adeguerà a me; mi protendo, dunque, non per prendere, per carpire, per dominare, per appropriarmene, ma per incontrare e conoscere, per vivere.

Non c'è obbligo: il soggetto avverte la tensione a im-pegnarsi aprendosi ad altro che rimane sempre al di là delle sue soglie e pertanto sempre ignoto (irriducibile e indominabile per assorbimento) anche quando pienamente rivelato; avverte il peso e la possibilità di intraprendere una via di fiducia e di credito accordato; coglie la vertiginosità dell'impresa vitale, ma non ne è costretto.

Nel contesto occidentale, questo atto va a rintracciare la "leva" che fornisce l'ingresso a dimensioni che, diversamente, sembrerebbero perse per sempre, annientate dalla forza del dubbio distruttore e del sospetto.

La ricerca di senso è una lotta specifica e non rinviabile, che ciascuno intraprende nel più intimo di sé, nella temperie culturale in cui è immerso. L'esito della lotta, nel migliore dei casi, non sarà una trasformazione del «sentire ipotetico» in certezza granitica; piuttosto, il soggetto, non avendo più paura dell'incertezza, acquisirà lo strumento dell'«ipotesi» e si accetterà come credente.

Possiamo dire in sintesi che, qualora non si rinunci a percorrere la via del "concedersi fede", lasciata l'opzione di una credenza cieca e assoluta, può essere inaugurata ancora per oggi l'esperienza di credere, come quella capace di realizzare l'atto più nobile e creativo che è nella piena disponibilità proprio dell'umano.

Credere è osare concedere se stessi a un'alterità che non perdendo la propria identità si espone al rischio dell'incontro, decidendo a sua volta di protendersi in reciprocità piena incontro all'altro; la persona imprime a se stessa un'uscita verso ciò che non conosce e che non possiede in proprio, verso altro/Altro che resiste a ogni imbrigliamento e, tuttavia, si concede a sua volta. Credere mantiene al suo interno una radice di abissalità, che richiede di essere sostenuta dalla persona che si concede, poiché esso è sempre un protendere sé oltre sé, un uscire incontro senza protezioni prestabilite o esiti preformati.

È, pertanto, irricevibile la critica all'avere fede come via semplice e poco arrischiata di vivere; quasi che con la disposizione credente la persona intenda mettersi al sicuro una volta per tutte dai colpi dell'esistenza; il contesto occidentale tardo moderno mostra piuttosto il carattere coraggioso (per qualcuno folle) del concedersi fede.

5. L'incontro

L'umano vivente, mentre attraversa il terrore e lascia l'ansia da *performance*, si fa disponibile all'incontro, ma quest'ultimo può essere indagato solo a posteriori, nella sua attuazione. Anche in orizzontale, incontro è sempre spaesamento da sé, verso un ignoto che resiste nell'alterità, mentre si rende disponibile fino a diventare familiare. Così è pure nella linea di incontro con ciò che indichiamo come Altro, intendendo riferirci all'alterità paradossale, a Dio appunto.

L'incontro, unica autentica "prova" dell'Altro-persona (e pure di sé) avviene su una linea sottile! Tale esperienza spirituale è dischiusura di un terreno comune in un momento comune in cui è dato il riconoscimento reciproco, senza che mai venga erosa l'"intercapedine" che salvaguarda la differenza radicale delle singole identità.

La relazione, che si configuri nei termini indicati, è ben resa dalla cifra biblica di «alleanza», anche qui "paradossale", poiché le soggettività implicate si riconoscono nella reciproca differenza, che ne fa identità singolari. Parità e simultaneità che permettono l'incontro aprono alla scoperta dell'altro: il soggetto umano, pur dentro alla mantenuta sovranità dell'atto in cui scioglie le riserve relative a un'auto-centratura sull'*ego*, scopre come quell'esperienza sia possibile dal fatto di essere preceduto. Mentre l'Altro entra con la sua disponibilità nell'orizzonte umano e mostra la sua presenza e il suo desiderio di interlocuzione con un'alterità vera.

La parte umana riconosce dentro quell'esperienza – e senza mai tirarsene fuori – una "possibile impossibilità": essere stata voluta e costituita nella propria autonomia e libertà da una benevolenza preveniente, che solo in quell'"incontro paradossale" si svela. Viene a consapevolezza come Dio voglia l'altro davanti a sé, intenda essere l'Altro di qualcuno consistente e non annichilito, abbassato, depotenziato.

RITORNARE AL FUTURO. POLITICA E TEOLOGIA IN FRANCESCO[1]

di Diego Mauro[2]

Resumen

En el artículo realizo un balance histórico del papado de Francisco desde un punto de vista teológico y político. Por un lado, defiendo el argumento de que en estos diez años Francisco ha introducido innovaciones significativas en términos de Magisterio Social, poniendo en tensión tanto los principios del catolicismo social establecidos a finales del siglo XIX, como los de la denominada teología del pueblo, la vertiente argentina del catolicismo liberacionista en la que se formara Jorge Bergoglio en su juventud. Por otro, sostengo que dicha renovación apela al potencial utópico del cristianismo y apuesta por una noción futuro que anima y realza la actividad política.

Palabras clave
Catolicismo social, teología del pueblo, utopía, fraternidad

Abstract

In the article I propose a study of Francis' papacy from a theological and political point of view. On the one hand, I defend the argument that in these ten years Francis has introduced significant innovations in terms of Social Teaching. This meant debating both the principles of social Catholicism established at the end of the 19th century and the so-called theology of the people, the version of liberationist Catholicism in which Jorge Bergoglio was trained in his youth in Argentina. On the other hand, I argue that this renewal highlights the utopian potential of Christianity and supports a notion of the future that encourages political activity.

---

1 L'articolo è una versione modificata del capitolo: Volver al futuro. La teología política de Francisco, pubblicata en *Construir el Reino. Política, historia y teología en el papado de Francisco*, a cura di Diego Mauro y Aníbal Torres, Prohistoria Ediciones, Rosario, 2023, pp. 49-62.

2 Dottorato di ricerca in Scienze Umanistiche. Ricercatore presso il Consiglio Argentino delle Ricerche. Coordinatore del Dottorato in Storia all'Università Nazionale di Rosario. Contatto: https://conicet-ar.academia.edu/DiegoMauro

Keywords
Social Catholicism, theology of the people, utopia, fraternity

Abstract

Nell'articolo svolgo uno studio sul pontificato di Francesco dal punto di vista teologico e politico. Da un lato difendo la tesi secondo cui in questi dieci anni Francesco ha introdotto innovazioni significative sul piano della Dottrina Sociale. Ciò significava mettere in discussione sia i principi del cattolicesimo sociale stabiliti alla fine del XIX secolo, sia la cosiddetta teologia del popolo, la versione del cattolicesimo liberazionista nella quale Jorge Bergoglio si era formato in gioventù. D'altro canto, sostengo che questo rinnovamento evidenzia il potenziale utopico del cristianesimo e sostiene una nozione di futuro che incoraggia l'attività politica.

Parole chiave
Cattolicesimo sociale, teologia del popolo, utopia, fraternità

In questi dieci anni a Roma, Francesco ha suscitato dibattiti di ogni tipo. Per i suoi critici all'interno della Chiesa, il papa legge il pensiero cristiano-sociale in modo troppo parziale. Vale a dire, criticano ció che, dal loro punto di vista, è la riduzione del cattolicesimo a principi sociali e politici a scapito della dimensione spirituale. Per i suoi difensori, il Papa fa il contrario: allontana la Chiesa dalle vecchie discussioni sulla guerra fredda per ricondurla al suo territorio naturale, quello dell'insegnamento della fraternità e dell'uguaglianza proposto da Gesù.

Al di fuori della Chiesa, le controversie sono ugualmente presenti. Mentre tra i movimenti popolari latinoamericani e nelle forze di centrosinistra i loro leader concordano con el pontefice, dal centrodestra e dai cosiddetti "nuovi diritti", si moltiplicano le critiche. Per questi settori, il problema non è la presunta sofisticazione del pensiero sociale della Chiesa, ma piuttosto il contrario: la fedeltà del Papa alla presunta base anticapitalista del cattolicesimo. Quella che il sociologo Michael Löwy definisce "l'affinità negativa" tra capitalismo e cattolicesimo.[3] A loro volta, questi settori criticano anche la nozione di "popolo", da loro considerata autoritaria per definizione.

---

3   Michael Löwy, *Guerra de Dioses. Religión y política en América Latina*, FCE, México, 1999.

In Argentina, ad esempio, Alberto Benegas Lynch, uno degli intellettuali neoliberisti locali, accusò il Papa di essere comunista e affermò che Fratelli Tutti introduceva definizioni puramente marxiste. Francisco, ovviamente, respinge queste accuse e sostiene che la sua posizione è semplicemente evangelica.[4]

In questa presentazione voglio riflettere sulla dimensione politica della teologia di Francesco e analizzare le sue innovazioni in termini di Dottrina Sociale della Chiesa. Voglio sostenere, da un lato, che Francesco propone un grande aggiornamento della dottrina sociale cattolica, e, dall'altro, che lo fa "tornando al futuro", in altre parole, sottolineando il potenziale utopico del cristianesimo.

1

Dal mio punto di vista, attraverso le sue due encicliche principali, *Laudato si'* e *Fratelli tutti*, Francesco aggiorna in manera sostanziale la Dottrina sociale della Chiesa. In primo luogo perché, se leggiamo attentamente gli scritti di Francesco, egli propone di pensare oltre le idee di conciliazione di classe e di giustizia sociale. Entrambi sono stati i principali concetti all'interno del pensiero sulla questione sociale della Chiesa a partire dalla seconda metà dell'Ottocento. In questo senso, in coincidenza con quanto propongono economisti di diverso orientamento ideologico, Francisco sembra concordare sul fatto che non sussistono più le condizioni strutturali per rilanciare il capitalismo keynesiano. Al contrario, il Papa sostiene che i livelli di disuguaglianza generati dal neoliberismo e il degrado delle risorse naturali rendono sempre più incerto non solo il ritorno agli anni "d'oro" del capitalismo, ma anche la sopravvivenza stessa dell'umanità. Pertanto, il capitalismo, anche nella sua modalità keynesiana o neokeynesiana, non può più essere la soluzione incoraggiata da un pensiero cattolico che aspira ad essere una vera opzione per i problemi sociali, politici e ambientali del nostro secolo. Come fece Leone XIII con l'enciclica *Rerum Novarun* un secolo e mezzo prima, Francesco tenta in *Fratelli Tutti* di delimitare i confini di un pensiero sociale cattolico capace di essere all'altezza delle sfide attuali.

---

4   Aníbal Torres y Diego Mauro, *Francisco versus el neoliberalismo. ¿Tormenta de primavera o algo más?*, "Zoom. Política y Sociedad en foco", 13 de noviembre de 2023. https://revistazoom.com.ar/francisco-versus-el-neoliberalismo-tormenta-de-primavera-o-algo-mas/

Per fare questo, mette in discussione uno dei dogmi di fede neoliberisti per antonomasia: la proprietà privata. Senza eufemismi, Francesco cita ad esempio san Gregorio Magno il quale sostiene che «quando diamo ai poveri le cose indispensabili, non diamo loro le nostre cose, ma restituiamo loro ciò che è loro» (*Fratelli tutti*, 119). Sebbene, è vero, é una posizione tradizionale del cattolicesimo, sostenuta fin dai primi tempi del cristianesimo, la forza con cui Francesco la ricorda nel contesto attuale è di per sé un fatto politico.

D'altra parte, dal punto di vista della Dottrina Sociale della Chiesa, la sua posizione è inedita anche perché relativizza uno dei pilastri del cattolicesimo sociale delineato alla fine dell'Ottocento. In quel caso, la Chiesa aveva stabilito che la proprietà era un pilastro intoccabile della società, derivante dall'esistenza naturale delle disuguaglianze sociali e che, quindi, non era qualcosa di sostituibile. Certo, quelle disuguaglianze dovevano essere mantenute entro certi margini: l'idea di giustizia sociale. Niente di ciò è presente nei *Fratelli tutti* dove si possono leggere paragrafi come questi: «Sempre, insieme al diritto alla proprietà privata, vi è il principio più importante e precedente della subordinazione di ogni proprietà privata alla destinazione universale dei beni della terra e, quindi, il diritto di tutti ad usarla» (*Fratelli tutti*, 119 y 120).

Inoltre, tra le novità, Francesco espande il concetto di periferia-marginalità. In parte è così, perché per Francesco il neoliberismo tende a convertire tutti in abitanti di qualche periferia. Il periferico e il marginale non sono costituiti solo da coloro che realmente vivono nelle periferie, globali o sociali, ma tendono ad essere l'insieme di coloro che in un modo o nell'altro sono legati e partecipano all'economia sociale e alle forme non capitaliste di produzione. Pertanto, Francesco non fa appello solo alla "massa marginale", come nella teologia del popolo, o ai lavoratori come classe da riconciliare, nelle coordinate del cattolicesimo sociale, ma alla "nostra crescente precarietà" e "all'attività economica incessante e invisibile che sviluppiamo indipendentemente dallo stipendio". Pertanto, gli orizzonti utopici del cristianesimo di Francesco sembrano non riservare al capitalismo e alle classi sociali alcuno spazio logico necessario in futuro. Al contrario, le loro definizioni promuovono una progressiva dissoluzione delle classi sociali dall'interno, cercando i confini interni del capitalismo a vantaggio di nuovi modi cooperativi, solidali e autogestiti di produrre, consumare e vivere insieme. Si può dire, un riformismo cattolico comunitario, politico ed economico.

Nelle attuali condizioni politiche, però, Francesco sostiene chi difende un capitalismo "più umano", un *Green New Deal* nei termini della sinistra democratica negli Stati Uniti, ma affermando che non basta più tornare all'economia dei consumi e ridistribuzione degli anni d'oro del capitalismo. Al contrario, c'è in Francisco la preoccupazione di incoraggiare l'esplorazione di diverse possibilità in materia economica, con una chiara rivendicazione della logica comunitaria e cooperativa nell'organizzazione del lavoro.

2

D'altra parte, in termini sociali, Francesco propone una visione antiliberale che pone al centro la nozione di popolo: una delle colonne portanti del pensiero sociale cristiano che continua ad essere fondamentale. Il suo uso del concetto, tuttavia, è diverso da quello dei cattolici sociali e dei teologi popolari del secolo scorso.

Una prima fondamentale differenza è la rivendicazione dell'idea di diversità. In contrasto con il concetto di popolo incoraggiato da molti dei nazionalismi cattolici del XX secolo, Francesco insiste sul fatto che la sua idea di popolo è "aperta" alla diversità e agli "altri" e non una nozione chiusa e difensiva. Durante il suo viaggio in Paraguay nel 2015, ha affermato che "la diversità non è solo buona ma necessaria" e che "la ricchezza della vita è nella diversità".[5]

In questo senso, a differenza delle versioni ristrette dei nazionalismi essenzialisti, per Francisco gli "altri", ad esempio immigrati e rifugiati, non minacciano alcuna identità essenziale, ma piuttosto sono uno dei modi privilegiati per svilupparla.

Pertanto, Francesco non rifiuta la globalizzazione in sé, ma solo la sua "versione neoliberista". La globalizzazione di "esclusione e indifferenza", nelle sue stesse parole. Nel 2014, in un'intervista, spiegò che "la globalizzazione fraintesa è come una sfera dove tutti i punti sono uguali" e dove "le particolarità si annullano". In direzione opposta, una "globalizzazione cristiana" deve essere come un poliedro in cui ciascuno, "mantenendo la propria identità", si arricchisce al tempo stesso nell'interazione con il

---

5   Papa Francisco, Discurso a represetnantes de la sociedad civil, Paraguay, 11 de julio de 2015. https://www.vatican.va/content/francesco/es/speeches/2015/july/documents/papa-francesco_20150711_paraguay-societa-civile.html

diverso. Una globalizzazione come "dialogo" tra popoli che, in quanto tali, non rinunciano alle proprie "radici". L'unico modo, conclude Francisco in quell'intervista, per realizzare uno scambio reale che non "distrugga" interlocutori deboli o annichilisca "le loro culture". Nello stesso anno, durante l'Incontro Mondiale dei Movimenti Popolari tenutosi a Roma, Francisco ha definito questa forma di globalizzazione come una "cultura dell'incontro", contrapposta alla cultura della discriminazione e della xenofobia.[6]

3
L'altro aspetto importante del suo pensiero, è la centralità del futuro e della speranza. Lo storico François Hartog afferma che una delle caratteristiche distintive delle società contemporanee è la immersione nel "presente". Se le società tradizionali guardavano al passato e quelle moderne al futuro, quelle "postmoderne" sono sempre nel presente. In questo contesto, come sottolinea il filosofo Slavoj Žižek, "è più facile immaginare la fine del mondo che la fine del capitalismo".

In queste condizioni, si potrebbe dire, di sconfitta storica della sinistra e delle classi popolari, contrariamente alle tendenze dominanti, Francisco propone di tornare a parlare politicamente del futuro, ma di un futuro definito come orizzonte di possibilità, aperto e in divenire. Nel 2015, durante il suo viaggio in Bolivia, ha dato alcune delle sue principali definizioni: "Qui in Bolivia ho sentito una frase che mi piace molto: processo di cambiamento. Il cambiamento concepito non come qualcosa che un giorno arriverà perché è stata imposta questa o quella opzione politica. [...] Sappiamo dolorosamente che un cambiamento di strutture che non è accompagnato da una sincera conversione… di cuore finisce per burocratizzarsi e soccombere nel lungo o nel breve periodo. Per questo mi piace tanto l'immagine del processo, dei processi, dove la passione di seminare… sostituisce l'ansia di occupare tutti gli spazi di potere disponibili e vedere risultati immediati. L'opzione è generare un processo e non occupare spazi".[7] Nel 2019, durante il suo viaggio in Giappone, ha aggiunto all'idea di

---

6 Papa Francisco. Entrevista de Henrique Cynerman, 13 de junio de 2014. https://www.youtube.com/watch?v=jzujke84Ck0

7 Papa Francisco, Discurso en el II Encuentro Mundial de Movimientos Populares, Santa Cruz de la Sierra, Bolivia, 9 de julio de 2015. https://www.vatican.va/content/francesco/es/speeches/2015/july/documents/ papa-francesco_20150709_bolivia-movimenti-popolari.htm

processo quella di apertura al futuro: "Il futuro non è monocromatico" e, quindi, dobbiamo affrontarlo nella sua "varietà e diversità".[8] In quell'occasione ha chiesto ai giovani di "guardare ai grandi orizzonti" e "cosa li aspetta se osano costruirlo insieme" perché senza "sogni", senza fantasia, ma anche senza memoria, ha concluso, noi siamo come "zombi". Sulla stessa linea, nel 2014, durante un incontro della Pontificia Commissione per l'America Latina, spiegò che "l'utopia cresce bene" solo "se è accompagnata dalla memoria e dal discernimento". Memoria perché "guarda al passato", indispensabile per pensare al futuro; discernimento perché senza di essa si cade facilmente nel "nominalismo dichiarativo di mere astrazioni" che dimentica le circostanze, "luoghi, tempi e persone".[9]

4
Per concludere, si puó dire, che le proposte di Francesco, come in altri esponenti del pensiero controegemonico contemporaneo, possono suonare politicamente irrealizzabili. Buone intenzioni con poco supporto reale. In questo caso, invece, la virulenza della critica che emersa tra i neoliberali e le nuove destre è segno che, almeno in una certa misura, preoccupa molto di più dei ritualizzati proclami "antisistema" della sinistra tradizionale a cui pochi credono. Ad esempio, il presidente di estrema destra in Argentina Javier Milei ha affermato poco tempo fa che il papa è un comunista inviato dal maligno, del diavolo, e che la giustizia sociale è un'aberrazione.

Un'altra prova della vitalità dell'impegno di Francesco è, al contrario, il suo impatto su una parte della sinistra umanista e nei movimenti popolari in America Latina. Francesco, da parte sua, non condanna il comunismo e riconosce che comunisti e socialisti si ispirano alle idee cristiane, anche con errori che finiscono per distruggere i loro progetti sociali e politici. A suo avviso, il problema principale è sostituire il fondamento religioso o metafisico dell'idea di uguaglianza con postulati scientifichi che, finalmente, come è avvenuto nel XX secolo, hanno dimostrato la loro debo-

---

8 El Papa a los jóvenes japoneses: La cultura del encuentro no es una utopía. AICA, 25 de noviembre de 2019. https://aica.org/noticia-el-papa-a-los-jovenes-japoneses-la-cultura-del-encuentro-no-es-una-utopia

9 Papa Francisco, Ayudar a crecer la utopía de los jóvenes es una riqueza, 5 de marzo de 2014. http://blog.pucp.edu.pe/blog/buenavoz/2014/03/05/papa-francisco-ayudar-a-crecer-la-utop-a-de-los-jvenes-es-una-riqueza/

lezza. Una critica che ricorda molto quella che Walter Benjamin sistematizzò nelle sue *Tesi sulla Storia* nel 1940. In questo senso, se si vuole, *Fratelli tutti* può essere interpretato come una critica benjaminiana all'idea di progresso e come un tentativo di restaurare il fondamento metafisico della politica. Perché senza un'idea di Dio, definito come attore esterno, non c'è modo di difendere logicamente i principi di uguaglianza e fraternità contro l'avanzata e l'evoluzione del capitalismo globale e i nuovi diritti. Senza il postulato trascendente di un vettore esterno che introduce l'idea di fraternità, ¿perché l'uguaglianza dovrebbe essere considerata un valore in sé? Per i neoliberisti, tra l'altro, non lo è.[10]

Francesco lo dice senza eufemismi: «La ragione, da sola, non può fondare la fratellanza [...] Solo la consapevolezza di figli di Dio», argomenta, «può assicurare la fratellanza». Perché «se non si riconosce una "verità trascendente" trionfa la forza del potere, e ciascuno tende a usare all'estremo i mezzi a sua disposizione per imporre il proprio interesse o la propria opinione, senza rispettare i diritti altrui» (*Fratelli tutti*, 273).

Infine, per ora, contro ogni previsione, in questi dieci anni Francesco è riuscito ad avanzare molto più di quanto sembrava possibile. Il futuro, però, è incerto. Nei prossimi anni si vedrà se il suo progetto resisterà e prospererà o soccomberà ai feroci attacchi dei suoi nemici dentro e fuori della Chiesa

---

10   Diego Mauro, *El papa Francisco: ¿un gatopardista al revés?*, "Nueva Sociedad", marzo de 2023. https://www.nuso.org/articulo/papa-francisco-iglesia/

E L'ECONOMIA?
INTRODUZIONE ALLA SESSIONE DEDICATA ALLA ECONOMIA

di Pier Paolo Baretta

Dunque, le religioni, le scienze e le arti salveranno il mondo? È un buon punto di partenza. E l'economia?

Se si aggiunge che anche l'economia salverà il mondo si avverte un certo scetticismo, quando non un dissenso. L'aumento esagerato delle disuguaglianze e della povertà, la denutrizione cosmica, i persistenti conflitti locali, l'evidente collasso climatico sono attribuiti, certo, alle scelte politiche e produttive ma, in misura prevalente, alle scelte economiche che le ispirano. O, perlomeno, a un certo uso dei processi economici. Per essere più precisi: a un modello di sviluppo perverso, avviluppato in sé stesso, incapace di orientarsi verso un qualsivoglia bene comune.

Di fatto è così! E, di fatto, questa condizione ha dei protagonisti, dei responsabili, dei promotori: la finanza, l'impresa, gli organismi economici internazionali (il Fondo monetario, la Banca mondiale...), i governi...

Il prevalere, nel tempo, dell'ambizione dell'economia, o meglio degli economisti, di comparire nel catalogo delle "scienze" ha portato a una elaborata interpretazione dei fenomeni sociali, ovvero dei comportamenti degli attori, nel perseguimento dei loro interessi materiali, come se fossero processi "naturali", oggettivi.

Ne è scaturito un sistema: una teoria economica che, partendo dai classici, si è evoluta in varie prospettive, ma sempre sostenuta dall'idea prevalente che lo stimolo all'azione economica sia il perseguimento del proprio interesse, da ottenere attraverso l'applicazione di regole utilitaristiche, considerate come postulati; che non ci sia modo di fare altrimenti e che il profitto sia il solo scopo dell'azione economica. Come ci ha ricordato, nella relazione di apertura a questa Summer School, il professore Gaeta, siamo condizionati dalla presunta oggettività di un concetto del tipo: "Gli affari sono affari".

Sia ben chiaro che il debito che abbiamo verso questa storia è incommensurabile. Senza di essa non conosceremmo i fenomeni, non possiederemmo gli strumenti per scegliere.

La forza di questa impostazione, proprio perché basata su pulsioni soggettive e comportamenti reali, è stata tale che le teorie alternative, per quanto robuste e anch'esse scientificamente solide, sono apparse come utopie o, nel migliore dei casi, varianti deboli; e le prassi che hanno tentato di applicarle sono state sistematicamente sconfitte (evidentemente anche per clamorosi errori propri); le proteste, che contestano lo statu quo, sterili.

Eppure, sappiamo tutti, che non è così. Oltre "Il Capitale" e la "Rerum novarum", che hanno aperto la strada, la storia del XX secolo, con le sue tragedie, le sue scoperte e lo sviluppo impetuoso, dopo due guerre mondiali combattute coi gas e vinte con la bomba atomica, mentre la popolazione mondiale cresceva esponenzialmente e cambiava la domanda, ci ha dimostrato che eravamo arrivati all'orlo del baratro: il modello di sviluppo capitalistico di stampo liberista non garantiva quella crescita generale e spontanea che lo aveva ispirato.

Sul piano strettamente economico ci ha pensato Keynes a chiarire il punto. Sul piano più generale, si è aperta una nuova sfida tra due tipi di sviluppo, non solo economico, ma anche sociale e politico, grazie alla progressiva comprensione che anche la pace, la giustizia sociale e la libertà concorrono a formare insieme un progetto di società. La rappresentazione di questa visione è stata, per molti di noi, la *Populorum Progressio* e, prima, il Concilio. Per tutti, i grandi movimenti politici e sociali per l'uguaglianza, la parità, l'integrazione, la pace...

Si è fatta strada l'idea che fosse necessario un nuovo modello di sviluppo.

Ma non basta. Con la caduta del muro – l'esito più simbolico del tormentato XX secolo, il lungo, "secolo breve" – e dei confini ideologici che lo tenevano su, si è diffusa l'illusione ottica che la sconfitta del modello comunista significasse, per automatismo, la vittoria, o più ancora, la giustezza del modello liberista.

C'è voluto poco per capire che non funzionava. L'accelerazione, la potenza e la pervasività delle innovazioni tecnologiche (l'Informatica, il digitale, i trasporti…) hanno abbattuto i confini e la separatezza delle conoscenze, tutto il mondo interconnesso è diventato di colpo contemporaneo. Ormai ci conosciamo tutti, sappiamo vita, morte e miracoli di ciascuno… come vivessimo in un piccolo paese, nel "villaggio", per quanto globale. È solo tutto più sofisticato, ma il meccanismo relazionale è lo stesso.

Sono, così, apparse evidenti, a tutti, le differenze di qualità della vita, di libertà, di diritti. Così, mentre si è ampliata e si sta ampliando, la pressione dei disperati (per fame o per oppressione) verso i benestanti, misuriamo la incapacità di questi ultimi (di cui noi facciamo parte) di dare risposte adeguate ai bisogni e agli squilibri del "villaggio".

Insomma, economicamente parlando, c'è un surplus, un eccesso, di domanda e una insufficiente e inadeguata offerta. Il modello non tiene. Prima ancora di dire se è giusto o è sbagliato – ed è sbagliato! – il punto è che non tiene.

Ma non basta ancora. A tutto ciò si è aggiunto il clima, la natura calpestata, l'emergenza ambientale.

Sono, e non solo per noi, la "Laudato sì" e, poi, la "Fratelli tutti". È Greta, sono i movimenti, ma sono anche le contraddizioni della politica, che gira attorno al tema e non può più sfuggirvi.

Nella differenza tra la "Populorum progressio" e la "Laudato sì" si colgono i "segni dei tempi". Siamo passati da una impetuosa e drammatica esortazione – quella paolina – verso una diversa opzione di vita, nel segno della giustizia, a una consapevolezza – quella di Francesco – di inesorabile, urgente, quasi ultima, necessità, nel segno della sopravvivenza della vita.

Pace, libertà, giustizia sociale non bastano più. Senza una coscienza ambientale, un'ecologia integrale, non si affronta il problema del mondo. Solo insieme, in un unico progetto, si costruisce sostenibilità! Nella convinzione che non si tratta più di una opzione, bensì di una necessità.

Le bombe, siano esse quella nucleare (evocata ieri da Antonino Drago), o ecologica, sociale o, più probabilmente, tutte insieme, stanno per scoppiare: non ci sono alternative, vie di mezzo. O si disinnesca o si muore… tutti! Come dice esplicitamente il sottotitolo del nostro incontro di quest'anno: "riorientare la nostra civiltà o il nulla".

Questa nuova drammatica condizione può avere un paradossale vantaggio: che rende più percepito il problema. Dalle istituzioni, dalle imprese, dalle persone. Trattandosi di sopravvivenza, potrà essere meno difficile convincerci che bisogna modificare regole e comportamenti; chiedere, promuovere... imporre nuovi stili di vita, nuovi consumi, nuove convenienze.

Azzardo una tesi provocatoria: sarà l'egoismo a salvare il mondo dall'auto distruzione?

La questione è cruciale, perché se consideriamo l'egoismo come molla naturale di sopravvivenza (ricordiamo da dove siamo partiti: la molla economica verso il profitto), possiamo ricavarne due considerazioni.

La prima, che si ingeneri l'idea – egoista – che non ci si possa salvare tutti, che solo una parte potrà farcela. Abbiamo assistito a innumerevoli lotte fratricide, tribali o di classe per il proprio territorio. Già ora, ma ancor di più domani, i territori da difendere saranno sempre più l'acqua, le fonti energetiche, il cibo; la guerra russo ucraina ha già queste caratteristiche, se pensiamo alla energia, o al grano...

Durante il Covid abbiamo ripetuto convinti che nessuno si salva da solo: perché con l'acqua, col cibo, con l'energia dovrebbe essere diverso?

La seconda: che si pensi che sia sufficiente cambiare la qualità del prodotto (non è poco), e non la logica della produzione. Se vediamo il nuovo stile pubblicitario constatiamo che la sfida ambientale ed ecologica è presente in quasi tutti i prodotti reclamizzati. Ma basteranno una marmitta o un bagno schiuma non inquinanti a salvare l'ambiente? Basterà un cibo, senza questo o quel componente, a sfamare l'umanità?

A queste domande possono, e debbono, rispondere i filosofi, i religiosi, gli scienziati, gli intellettuali, gli artisti... e gli economisti.

In questo contesto, infatti, anche la sentenza dell'economia è drastica e definitiva. Dice Amartya Sen che non ci sarà sviluppo se non ci sarà uguaglianza. Non che ci sarà uno sviluppo sbagliato, iniquo, per pochi; ma che non ci sarà sviluppo. Che il metro di misura stesso della salvezza è l'uguaglianza.

Un'economia della salvezza, quella terrena intendo, è un'economia della uguaglianza. Alla don Milani: non fare parti uguali tra diseguali; ovvero puntare alla parità di condizioni, di opportunità.

La praticabilità delle risposte ipotizzabili (la letteratura è copiosa in proposito) per realizzare questa inversione di tendenza, questo rovesciamento di parametri, necessita di un respiro, di una visione e di un modello economico attuale e universale, che offra all'umanità il riscatto rappresentato da una condizione di vita "decente", per usare il linguaggio delle istituzioni internazionali, così che le arti, le religioni, le scienze trovino un solco fertile nel quale seminare il loro messaggio salvifico.

Si tratta, quindi, in questo scenario, tra l'apocalittico e l'escatologico, di arruolare anche l'economia e di affidarle il ruolo che le spetta per assolvere a questo compito: cambiare il modello di sviluppo.

Ma come?

Non penso che la risposta arrivi da rivoluzioni, nel senso storico-politico del termine (e che, peraltro, non intravvedo). La complessità della sfida è tale che non ci sono scorciatoie. Ci attende, come sempre nella storia, un lungo, paziente, conflittuale lavoro, prima di tutto culturale.

A partire dalla condizione contemporanea. Scrive Mauro Magatti: "il disagio è forte, soprattutto tra le nuove generazioni che hanno la netta percezione di aver ereditato un mondo compromesso. (…) Svanita l'euforia che ha accompagnato gli anni della globalizzazione espansiva, si rafforza la sensazione di vivere in una crisi permanente. Se non irreversibile".

In questo esordio del XXI secolo abbiamo già vissuto ben quattro crisi globali: le torri gemelle; la crisi finanziaria del 2008 (iniziata, lo ricordo, come crisi immobiliare, e guardate cosa sta succedendo in Cina in questi giorni); la pandemia e la guerra russo ucraina. C'è un filo che le lega: la fragilità dei modelli politici, economici, sanitari, bellici. Ne consegue una strutturale instabilità.

Il primo tentativo di risposta alla domanda sul "come" sta qui. Non esistono monti Tabor sui quali piantare le tende, come ci eravamo illusi, noi ricchi, nell'ultimo ventennio del secolo scorso, con la teoria della crescita infinita e relegando ai margini della nostra esistenza, definendoli "regionali", quindi sopportabili, i conflitti economici, politici, militari. Dobbiamo, invece, riconoscere l'inquietudine della nostra epoca e convivere con questa nostra condizione inquieta.

Conviverci, non accettarla. Stiamo convivendo con una guerra tecnicamente "regionale", ma dalle potenziali conseguenze globalmente catastrofiche. Eppure ci stiamo abituando a viverla come normale accompagnamento dei nostri pasti, notizia tra le notizie, e per il resto del tempo la rimuoviamo. L'abbiamo, cioè, accettata come cornice della nostra normalità, così come accettiamo le logiche economiche, le disuguaglianze.

Non ci scandalizziamo. Non ci stupiamo più. È un meccanismo psicologico comprensibile, di autotutela.

Ma il problema contemporaneo – il problema politico ed economico intendo – diversamente dalle epoche precedenti, è che oggi non è più possibile una separazione di destini, di condizioni. La stessa condizione contemporanea è per tutti una condizione di crisi.

Ci serve allora una cultura della crisi.
Che abbia lo scopo esplicito di riconoscerla per risolverla. E per trasformare l'angor in spes: l'ansia, l'angoscia in energia positiva, in speranza. Una siffatta cultura della crisi va fondata su una esplicita radicalità nei valori e nei principi (in questo senso sì, rivoluzionaria), e contemporaneamente su una forte tensione riformatrice, capace di tenere insieme prospettive teoriche, etiche, ideali, decisamente alternative, con comportamenti soggettivi e collettivi accettabili e scelte politiche praticabili.

Sul piano più strettamente economico, una impostazione radicale e riformatrice è tale se è comunitaria, solidale, sostenibile.

Ciò significa – ed è il secondo punto del "come" – che l'economia non è, non può, non deve, essere una disciplina, diciamo pure una scienza, a sé stante, ma una delle componenti che interagiscono a comporre una visione integrale della società, dell'uomo e della relazione con l'ambiente.

La storia ce lo dimostra. Si pensi a come, dopo la crisi del '29, fu una visione – il New Deal – a innescare la ripresa economica (e una rilettura estiva di Furore di Steinbeck mi ha offerto molti motivi di meditazione sull'oggi e la condizione dei migranti e dei nuovi poveri!).

O, andando indietro nel tempo, si pensi al ruolo del monachesimo nella rinascita, dopo la dissoluzione dell'impero romano e la lunga anarchia che la seguì. La ispirazione monastica del bene collettivo portò, come ben sappiamo, a unire il lavoro orante (come lo definiva Dossetti) al lavoro materiale, alla bonifica delle paludi e alla trasformazione dei terreni boschivi per fare posto alla semina e il pascolo.

Oggi, il nuovo New Deal deal è fatto di rimboschimento, di energie rinnovabili, di… Insomma, è la visione che serve. L'economia seguirà. Ma seguirà se – ed è il terzo aspetto del "come" – se il processo economico si definisce e si afferma dentro, non fuori dal mondo. Bisogna, cioè, fare i conti con le regole che vogliamo cambiare. Col mercato, con la finanza, con lo Stato.

Una cultura economica della crisi deve sviluppare una idea non neutra, ma positiva del mercato e della finanza, dello Stato. Le teorie e le proposte non mancano.

In fin dei conti l'economia di mercato, nella sua finalità sociale, è nata ben prima della rivoluzione industriale che ne ha segnato il carattere. Già nella distinzione tra usura e interesse, prospettata da Pietro di Giovanni Olivi, san Bernardino da Siena, Duns Scoto, troviamo un criterio fondativo, relativo allo scopo dell'utilizzo del denaro, ovvero del capitale.

Il recupero del concetto di finalità dà un senso all'agire economico. La dimensione collettiva garantisce meglio di quella individuale che la finalità sia il bene comune.

In tal senso, una idea positiva dello Stato e della sua mano visibile aiuta. Spostando l'attenzione dall'offerta alla domanda, Keynes (dopo e oltre Marshall) introdusse a pieno titolo un'idea di Stato come regolatore e propulsore economico.

Il welfare, ovvero le politiche di protezione, di sicurezza e di assistenza sociale, è nato da un impulso del privato. Prima le corporazioni, poi le associazioni di mutuo soccorso e sindacali, hanno contribuito al protagonismo sociale delle classi subalterne e intermedie, cui lo Stato ha risposto virtuosamente, assumendo il fondamentale principio della sussidiarietà.

E solo l'intervento pubblico ha consentito una copertura e una estensione universale del principio di uguaglianza.

Un quarto contributo al "come" sta nel definire una nuova teoria del benessere.

Il benessere, ovvero una condizione oggettiva di autosufficienza economica che permette di gestire il presente e di programmare il futuro, va considerato un obiettivo positivo. Mentre invece il consumismo ha trasformato il benessere in una trappola.

Opportunamente Enzo Spaltro, uno dei padri della sociologia italiana, lo chiamava ben-essere (col trattino), per identificarne la dimensione personalistica (sull'onda dell'umanesimo integrale di Maritain).

Sappiamo bene quanto questa problematica sia stata oggetto di riflessioni e dispute fondamentali tra cattolici e protestanti, dopo la Riforma, sull'etica del capitalismo, che non possiamo riprendere qui. Oggi, però, siamo oltre il senso di colpa dei primi o l'identificazione dei secondi. Perché il punto è che viviamo una contraddizione tra mancanza ed eccesso di benessere. La dimensione globale contemporanea esaspera, come abbiamo già osservato, l'insostenibilità delle differenze; le risorse necessarie ad assicurare la sopravvivenza, prima ancora che il benessere, a coloro che ne sono privi, vengono assorbite per mantenere la parte in eccesso di consumi, di armi, di... Insomma, per restare ai fondamentali, siamo dentro uno squilibrio senza precedenti tra domanda e offerta.

Spetta alla parte più ricca, cioè a noi, fare il primo passo; ma qualsiasi teoria che proponesse un livellamento al ribasso non troverebbe seguaci e dunque si fermerebbe alla testimonianza.
La teoria della decrescita felice affronta il tema, ma il messaggio non è coinvolgente.
La questione è la crescita felice! Ovvero la definizione di una teoria del benessere fondata sulla conversione dei consumi, attraverso una distinzione tra benessere e spreco. Ridurre il benessere può essere controproducente; ridurre lo spreco è salutare (ripenso alla bella relazione di ieri di Paola Buselli Mondin sul cibo).
La dimensione quantitativa e qualitativa dello spreco è clamorosa. Per restare a esempi semplici e quotidiani e sempre ripetuti: l'energia consumata oltre il necessario (luci, condizionatori, riscaldamento); l'acqua dei rubinetti di casa e dei locali pubblici; il packaging; il cibo, appunto, ecc. Non si tratta solo di buone abitudini. sono ingenti risorse ambientali, economiche sprecate, che potrebbero essere meglio reimpiegate. Investite in progetti sostenibili a lungo termine di conversione della produzione energetica, agricola, industriale in grado di toccare realmente gli equilibri e il modello su cui poggiano crescita e sviluppo.

Per concludere: il tentativo, quindi, dell'economia è quello di mantenere sempre teso l'esile filo tra la necessità di un cambiamento radicale, di cui avvertiamo la necessità, e il contesto politico economico e sociale nel quale operiamo e che troppo spesso contrasta tale necessità.
Si tratta, quindi, in definitiva, di chiederci se esista un terreno politico economico praticabile, adatto a sperimentare una nuova dimensione economico sociale, che ci offra una miscela pacificamente rivoluzionaria, ma politicamente praticabile in un assetto democratico.
Ebbene, sì, esiste. Ed è la sola piattaforma condivisa, almeno sulla carta, dalla maggioranza dei governi: l'agenda Onu 2030. I suoi 17 punti sono la

strada da percorrere. Siamo in ritardo, siamo inadempienti, siamo disattenti. Ma è, al momento, il sentiero più prossimo alla salvezza. Di certo un sentiero migliore di quello offertoci da molta pubblicità ingannevole sulla crescita illimitata che non c'è più.

LAND GRABBING, CAMBIAMENTI CLIMATICI E MIGRAZIONI FORZATE

di Stefano Becucci

L'accaparramento di terre

Il land grabbing corrisponde all'acquisto o all'affitto di amplissimi appezzamenti di terra in paesi in via di sviluppo da parte di società private o di governi appartenenti a paesi ricchi. Si tratta di un fenomeno relativamente recente, che ha avuto inizio a cavallo fra XX e XXI secolo. Per un verso, la crescita della popolazione mondiale, per l'altro, la necessità di trovare fonti alternative ai combustibili fossili hanno accentuato la domanda di nuove risorse alimentari ed energetiche (Nino, 2018). Così, i paesi ricchi dell'area occidentale e i paesi che in questi ultimi decenni hanno avuto una forte espansione economica, come ad esempio la Cina e il Brasile, sempre più hanno rivolto il loro interesse all'Africa, all'America Latina e ad una serie di paesi minori del Sud-Est asiatico, grazie ai quali acquisire materie prime e prodotti a costi più che convenienti in grado di risolvere i problemi menzionati in precedenza. A titolo di esempio, la gran parte dei paesi dell'Africa subsahariana presenta, secondo una squisita ottica di mercato, indici di sfruttamento economico di gran lunga inferiori a quelli dei paesi ricchi.

Una prova in tal senso la possiamo ricavare dal Global Footprint Network, una rete costituita da alcune università e organizzazioni non governative che con regolarità rende nota l'impronta ecologica di ciascun paese al mondo. Questa corrisponde alla capacità di un ecosistema di assorbire e rigenerare le risorse che la popolazione nazionale consuma all'interno del proprio territorio. Detto in altri termini, non è rilevante in sé la produzione di rifiuti o gas inquinanti, quanto piuttosto il rapporto che intercorre fra la dotazione ecologica di un determinato territorio e il consumo di queste risorse. La dotazione ecologica viene misurata sulla base delle risorse disponibili, come ad esempio fiumi, mari, boschi e superficie terrestre, mentre i consumi tengono conto di alcune dimensioni come la produzione di idrocarburi, il commercio interno ed estero, i trasporti, l'entità di beni e servizi. Tutti i paesi dell'Africa subsahariana si collocano nella fascia verde, ovvero consumano molto meno della loro dotazione ecologica, avendo un saldo positivo fra consumo di risorse e capacità del loro ecosistema di rigenerarle. Per contro, i paesi ricchi si collocano nella fascia rossa, corrispondente a un indice aggregato che denota un consumo ben superiore alla loro capacità di riprodurre le risorse consumate. Fra i paesi cosiddetti avanzati e moderni, Singapore è il primo della lista rossa, con un consumo pari a 61 volte la propria capacità di rigenerazione (-6.100%); il primo paese dell'Unione Europea è il Lussemburgo con -8,4% volte rispetto alla capacità del proprio ecosistema di rigenerare le risorse consumate, mentre l'Italia ha un valore pari a -3,5%[1].

Così quei paesi in via di sviluppo che hanno una riserva ecologica positiva sono oggetto di interesse dei paesi che presentano un deficit di risorse ecologiche al proprio interno. Tutto ciò, sia detto per inciso, solleva problemi di non poco conto sulla qualità e sul merito del corrente sviluppo socio-economico: i paesi nella fascia rossa detengono indici di sviluppo, secondo i canoni vigenti, di gran lunga superiori a quelli in fascia verde, ma sono al contempo quelli che determinano l'incapacità del pianeta di rigenerare le risorse che essi consumano, tanto che il 2019 è stato l'anno, secondo il Global Footprint Network, che segna il deficit ecologico su scala mondiale, ovvero il pianeta terra non riesce più a rigenerare le risorse consumate dalla popolazione mondiale.

Ma vediamo, in base ai dati disponibili, il land grabbing. Le principali organizzazioni che raccolgono questo tipo di informazioni sono due: GRAIN e Land Matrix. La prima è un'organizzazione non governativa, mentre la seconda è costituita da una rete di vari enti di ricerca. GRAIN divulga attraverso il proprio sito le acquisizioni di terra avvenute fra il 2006 e il 2012, pari complessivamente a 14 milioni di ettari[2], mentre Land Matrix ha dati aggiornati fino al 2020. Per questo motivo faremo riferimento solo a quest'ultima che, pur con i limiti che vedremo, offre tuttavia una panoramica d'insieme fornendo informazioni di dettaglio sui paesi investitori.

Land Matrix utilizza due criteri di imputazioni dei dati: il primo fa riferimento a informazioni tratte da ricerche e registri pubblici che raccol-

---

[1] Cfr il link https://data.footprintnetwork.org/?_ga=2.29300927.2096268411.1704196187-1945234005.1704196187#/ (accesso 3 gennaio 2024).

[2] Cfr il sito di GRAIN: https://grain.org/en/category/537-land (accesso il 5 gennaio 2024).

gono le transazioni di terra di grande ampiezza (sopra i 200 ettari) avvenute nei paesi in via di sviluppo, mentre il secondo si basa su un controllo incrociato di informazioni tratte da fonti diverse. A questo riguardo, la sola enunciazione di una transazione da parte dei media senza un ulteriore riscontro presso altra fonte viene esclusa dal computo (Sassen, 2015). Inoltre, dalla raccolta vengono escluse quelle transazioni che, per una serie di ragioni, non sono andate a buon fine. Dal 2000 al 2020 sono state registrate 1865 transazioni, di cui 1560 andate a buon fine corrispondenti a poco più di 30 milioni di ettari, una superficie pari a quella dell'Italia (Land Matrix 2021). Nel periodo preso in esame, è dagli anni 2007-2008, con il rilevante aumento del costo del petrolio, che l'accaparramento di terra cresce in modo consistente: nel 2005, si trattava di 5 milioni di ettari, nel 2008 di quasi 12, nel 2012 di 26 milioni, fino ad arrivare nel 2020 a poco oltre 30 milioni. Sono terre che vengono utilizzate non solo per la produzione alimentare di tipo intensivo ma anche per la produzione di biocarburanti alternativi ai combustibili fossili.

I valori appena riferiti sono probabilmente largamente sottostimati[3]. In primo luogo, in ragione del fatto che il calcolo esclude le transazioni che si collocano al di sotto dei 200 ettari; ed ancora, perché le organizzazioni che compongono Land Matrix non dispongono di un'ampia rete di referenti locali in grado di coprire in modo capillare i paesi in via di sviluppo. Pur con questi limiti, a quali paesi appartengono le società che investono nel business della terra? Nell'arco di tempo considerato, i primi dieci paesi in ordine decrescente sono: Malesia (3,8 milioni di ettari), Stati Uniti (3,6 milioni), Cina (2,2 milioni), Cipro (2,1 milioni), Brasile (2 milioni), Singapore (1,6 milioni), Hong Kong (1,6 milioni), Olanda (1,6 milioni), Isole Vergini Britanniche (1,6 milioni) e Gran Bretagna (1,6 milioni). Fra i primi dieci paesi, vale la pena notare la presenza di paradisi fiscali come Singapore, Cipro, Hong Kong e Isole Vergini Britanniche che, per il tipo di regolazione interna, consentono di occultare la reale identità degli investitori finanziari. Questi ultimi si dividono secondo due categorie: società private riconducibili in modo diretto a fondi sovrani, come ad esempio la

---

3   In un precedente report del 2011, alcuni autori appartenenti all'International Land Coalition fanno riferimento a stime sensibilmente diverse: fra il 2000 e il 2010 vi sarebbero state acquisizioni di terra pari a 203 milioni di ettari (Anseeuw et al, 2011). La sensibile discrepanza fra il report del 2011 e quello cui facciamo riferimento del 2021 denota, per un verso, le difficoltà di ottenere informazioni attendibili su scala internazionale sul land grabbing, per l'altro, la grande opacità entro la quale queste operazioni hanno luogo.

Cina, e a fondi di investimento privati, caratteristica quest'ultima prevalente per i paesi dell'area occidentale. Ad essi, occorre aggiungere le élite al governo del paese oggetto della transazione senza il quale nessun accordo potrebbe essere possibile (Busscher et al, 2020).

L'Africa subsahariana risulta particolarmente appetibile agli investitori stranieri. Suddividendo le operazioni di land grabbing entro quattro aree continentali: Asia e Pacifico, Europa e Asia centrale, America Latina e Caraibi, Mena (Medio Oriente e Africa del Nord) e Africa Subsahariana, quest'ultima corrisponde a 4,2 milioni di ettari, al secondo posto in ordine di grandezza dopo "Europa e Asia centrale" (4,3 milioni di ettari). Ma soprattutto, il 47% dei contratti stipulati nei paesi subsahariani hanno visto il passaggio d'uso della terra da piccoli proprietari a multinazionali, la percentuale più alta fra le quattro aree (Land Matrix, 2021). Vale inoltre la pena evidenziare che nell'ambito di 23 paesi dell'Africa subsahariana presi in esame nel dettaglio, viene rilevata una scarsissima trasparenza per quanto riguarda le procedure che hanno dato luogo al passaggio di terra a vantaggio di investitori stranieri. Tenendo conto di alcuni indicatori, come ad esempio il consenso informato delle popolazioni coinvolte, le informazioni sulle compensazioni a vantaggio delle persone danneggiate dalla perdita della terra e la creazione di posti di lavoro, i ricercatori hanno messo a punto un indice che misura la trasparenza di queste operazioni. Ebbene, solo due paesi, Liberia e Uganda, raggiungono il modesto punteggio del 30%, mentre quasi tutti gli altri si collocano su valori molto più bassi compresi fra il 5 e il 10% (Land Matrix, 2021).

Si tratta di paesi che, dopo una lunga occupazione coloniale fra Ottocento e Novecento, si sono affacciati alla democrazia nel Dopoguerra, alternando nel corso del tempo pratiche democratiche a colpi di stato di stampo autoritario; leadership democratiche non adeguatamente consolidate, contraddistinte a seconda dei differenti contesti nazionali da classi dirigenti facilmente suscettibili a pratiche corruttive. Tutto ciò crea un terreno particolarmente propizio per le operazioni di land grabbing ad opera di investitori stranieri. Amplissime estensioni di terra, nell'ordine di centinaia di migliaia di ettari, vengono recintate. La popolazione locale che fino ad allora le ha utilizzate per il proprio sostentamento non viene risarcita del danno subito, in alternativa ottiene delle compensazioni irrisorie (Uche Obuene et al, 2022). Un migrante del Pakistan coinvolto suo malgrado in operazioni di questo tipo, intervistato nel 2018 da chi scrive in un centro di prima accoglienza di Prato, aveva ricevuto poche migliaia di euro dal governo per risarcirlo della perdita della casa e di un modesto appezzamento di terra.

Al di là dell'aneddotica, ottenere una panoramica esauriente del numero di persone costrette a lasciare la loro terra è altrettanto arduo quanto stabilire l'entità su scala mondiale del land grabbing. Secondo l'ultimo report dell'Alto Commissariato per i Rifugiati delle Nazioni Unite, nel 2022 gli sfollati erano 108 milioni di persone, inclusi i richiedenti asilo e rifugiati, che a causa di conflitti e persecuzioni di vario tipo sono stati costretti ad abbandonare il loro luogo abituale di residenza (UNHCR, 2023). Tuttavia, in questo insieme di persone non vengono inclusi gli sfollati causati dall'accaparramento di terra. Il land grabbing contribuisce innanzitutto ad uno spostamento della popolazione all'interno del proprio stato di origine, ingrossando le periferie urbane delle grandi città dei paesi in via di sviluppo, per poi dare eventualmente luogo, per una parte di questa popolazione, all'emigrazione verso l'estero (Achanfuo-Yeboah, 1993; Smith, 2018).

Cambiamenti climatici e migrazioni forzate

Per quanto concerne, invece, i processi migratori legati ai cambiamenti climatici, l'Alto Commissariato per i Rifugiati delle Nazioni Unite stima che ogni anno, dal 2008 in poi, ci siano circa 22 milioni di persone costrette ad abbandonare il luogo dove abitano a causa di eventi estremi, come inondazioni, incendi e uragani e che questo spostamento forzato di popolazione coinvolga nella quasi totalità i paesi in via di sviluppo, con particolare recrudescenza nei paesi asiatici (UNHCR, 2016). In termini di stime future, da qui al 2050, si va da 216 milioni a 1,8 miliardi di persone nel mondo costrette a lasciare la loro terra a causa dei cambiamenti climatici. La prima valutazione è stata fatta da ricercatori della Banca Mondiale, mentre la seconda dall'Institute for Economics and Peace (IEP) (Clement et al, 2021; IEP, 2023). Per quanto si tratti di stime che presentano una forchetta di oscillazione estremamente ampia, resta il fatto che se non verranno prese misure adatte a rallentare in maniera consistente i guasti ambientali provocati dai cambiamenti climatici, ci potremmo trovare a dover fronteggiare scenari catastrofici. A titolo di esempio, il Bangladesh è uno dei paesi asiatici sottoposti da tempo a cicloni e inondazioni. Al proprio interno, circa 40 milioni di persone vivono in aree costiere minacciate dall'innalzamento del livello del mare (Sassen, 2015). Una situazione analoga vale per il Senegal, paese di circa 18 milioni di abitanti, che nel 2010 è stato colpito da una serie di inondazioni che hanno interessato 3 milioni di persone, mentre le previsioni per il 2030 prevedono che altri 8 milioni, ovvero tutti coloro che vivono al di sotto dei 10 metri rispetto al livello del mare, potrebbero essere coinvolti in futuri disastri ambientali (Neumann et al, 2015). Senza contare il fatto che si tratta di un paese, assieme a quelli dell'Africa subsahariana, contraddistinto dal fatto che il settore agricolo costituisce il 60% degli impieghi di tutta la popolazione lavorativa, per cui gli effetti negativi dei cambiamenti climatici potrebbero essere particolarmente severi (AICS, 2021).

In conclusione, quali implicazioni possiamo ricavare da quanto detto finora a proposito dei correnti processi migratori? Innanzitutto, la classica distinzione fra migranti economici e richiedenti asilo perde significato. Il confine fra chi emigra libero da costrizioni allo scopo di migliorare la propria condizione economica e coloro che, al contrario, sono costretti a lasciare il loro paese perché hanno perso tutto a causa dell'accaparramento di terre o dei danni ambientali sfuma sempre più. Infine, la Convenzione internazionale di Ginevra del 1951 che disciplina l'ottenimento del diritto di asilo prevede forme di protezione per coloro che fuggono da persecuzioni di vario tipo. Concepita all'indomani della Seconda guerra mondiale entro un mondo diviso in blocchi contrapposti, la Convenzione risulta uno strumento spuntato, incapace di dare risposte efficaci ai nuovi migranti ambientali.

Bibliografia

Achanfuo-Yeboah, D. (1993), Grounding a theory of African migration in recent data on Ghana, *International Sociology*, 8, 2, pp. 215-226.
Anseeuw Ward, Wily Liz Alden, Cotula Lorenzo and Taylor Michael (2011), *Land Rights and the Rush for Land*, International Land Coalition ((d3o3cb4w253x5q.cloudfront.net/media/documents/ILC_GSR_report_ENG.pdf, accesso il 5 gennaio 2024).
AICS (Agenzia Italiana per la Cooperazione allo Sviluppo) (2021) *Relazione annuale 2021*. Dakar. (www.dakar.aics.gov.it, accesso il 20 novembre 2023)Accessed 10 April 2023].
Busscher, N., Parra, C., Vanclay, F. (2020), Environmental justice implications of land

grabbing for industrial agriculture and forestry in Argentina, Journal of Environmental Planning and Management, 63, 3, pp. 500-522.

Clement, V., Rigaud, K, de Sherbinin, A., Jones B., Adamo, S., Schewe, J., Sadiq, N., Shabahat, E. (2021), *Groundswell Part 2: Acting on Internal Climate Migration*, Washington, DC, The World Bank.

Land Matrix (2021), *Few development benefits, many human and environmental risks. Taking stock of the global land rush Analytical Report* (landmatrix.org/resources/?category=analytical-report, accesso il 3 gennaio 20245).

Nino, M. (2018), *Land Grabbing e sovranità territoriale in diritto internazionale*, Napoli, Editoriale Scientifica.

Institute for Economics & Peace (IEP), *Ecological Threat Report 2023: Analysing Ecological Threats, Resilience & Peace*, Sydney Novembre (visionofhumanity.org/resources (accesso 5 gennaio 2024).

Neumann, B., Vafeidis, A.T., Zimmermann, J. and Nicholls, R.J. (2015), *Future coastal population growth and exposure to sea-level rise and coastal flooding - A global assessment*, Plos One, 10(3): 1-34, e0118571 (doi.org/10.1371/journal.pone.0118571).

Sassen, S. (2015 [2014]), *Espulsioni. Brutalità e complessità nell'economia globale*, Bologna, Il Mulino.

Smith, S. (2018), *Fuga in Europa. La giovane Africa verso il vecchio continente*, Torino, Einaudi.

Uche Obuene, H., Akanle, O., Olumuyiwa Omobowale, A. (2022), Land grabbing and resistance of indigenous landowners in Ibadan, Nigeria, *International Sociology*, 37,1, pp. 143-159.

UNHCR (2023), *Global Trends Forced Displacement in 2022* (global-trends-report-2022.pdf, accesso il 5 gennaio 2024).

UNHCR (2016), Frequently asked questions on climate change and disaster displacement (www.unhcr.org/uk/news/stories/frequently-asked-questions-climate-change-and-disaster-displacement, accesso il 5 gennaio 2024).

PER UNA NUOVA CONVIVIALITÀ
di Andrea Banchi

Premessa

Alcuni cenni sul titolo. Convivialità riconduce al *convivium* (in latino "banchetto", derivato di *convivere*, "vivere cum", "vivere insieme"), al conviviale, che è diverso dalla convivenza. Sul piano etimologico convivialità fa riferimento, più che al "vivere insieme", alle vivande che servono a vivere, al pane quotidiano. Si evoca così il cibo, la tavola imbandita, la festa. È dunque sinonimo di commensalità, in cui si realizza la condivisione dei beni, con il riconoscimento della destinazione universale dei frutti della terra nell'equità e nella giustizia.

"*Chiamo conviviale*", afferma Ivan Illich, "*una società in cui lo strumento moderno sia utilizzabile dalla persona integrata con la collettività, e non riservato a un corpo di specialisti che lo tiene sotto il proprio controllo. Conviviale è la società in cui prevale la possibilità per ciascuno di utilizzare lo strumento per realizzare le proprie intenzioni*"[1].

Secondo il poliedrico pensatore austriaco, la società conviviale è retta dai valori fondamentali della sopravvivenza garantita per tutti, della giustizia distributiva, della partecipazione generalizzata, del lavoro autonomo e creativo e del libero accesso agli strumenti e ai beni della comunità.

Ho steso questa relazione come un itinerario tra personaggi e pensieri, come un puzzle, le cui tessere sono tratte da storie, persone, situazioni, luoghi diversi. Se fin dall'inizio ho avuto chiaro l'epilogo, il viaggio si è invece sdipanato secondo vicende anche casuali. Mi è parso di tornare indietro nel tempo, quando ero bibliotecario, e mi trovavo a volte, la sera, stanco, a pensare quali misteriosi legami scaturissero tra libri, pagine, documenti che avevo avuto tra le mani su richiesta dei lettori.

---

1   Cfr. I. Illich, *La convivialità*, Milano, Mondadori, 1974, p. 14.

La fase drammatica che stiamo vivendo

La chiamata a questo nostro ritrovo annuale è espressa con accenti drammatici: ci sovrasta una doppia crisi, quella ambientale e quella della guerra (la terza guerra mondiale a pezzi ...). Questi problemi si palesano insieme, si alimentano, s'intrecciano. Manifestano fenomeni nuovi: le policrisi. Le migrazioni climatiche scatenano risposte difensive cruente; i combattimenti in Ucraina mettono a rischio i raccolti di cereali e la loro esportazione; ospedali, centrali nucleari, residenze, infrastrutture divengono obiettivi militari; si provocano alluvioni delle città e dei campi con l'abbattimento di una diga per causare una palude che ostacoli il nemico.

Inutile dilungarsi a descrivere la situazione che viene esaminata con acume e competenza da altre relazioni. È evidente però che il protrarsi di una sostanziale indifferenza di fronte a questi problemi ci porterà inevitabilmente verso l'autodistruzione e l'estinzione della specie umana.

Cosa può contrastare l'autodistruzione?

1. Non arrendersi, anzi lottare per vedere oltre gli ostacoli presenti, e **sognare un futuro migliore**;
2. **Essere consapevoli che siamo su un'unica barca**, cioè mettersi insieme, ragionare come popolo che vive sulla stessa terra, acquisire in termini culturali la globalizzazione, che nasce per facilitare l'economia capitalistica di mercato, ma è anche una inevitabile realtà di fronte ai problemi che colpiscono l'intero pianeta;
3. Mettere al centro non la razionalità ma la fiducia nel futuro, **la voglia di vivere**.

Tratterò dunque le tre questioni: i primi due argomenti mi sembrano chiari e forse non richiedono un grande approfondimento, punterò invece di più l'attenzione sul terzo.

1) Alzare lo sguardo per sognare il futuro

Papa Francesco invita a riprendere a pensare in grande, a sognare, a progettare ipotesi che sembrerebbero senza esito, ma che sono forse in grado di superare di slancio i cauti passi del realismo. Lo fa con un libro del 2020, *Ritorniamo a sognare. La strada verso un futuro migliore*[2], frutto d'una conversazione col giornalista inglese Austen Ivereigh.

Ho dunque continuato questa ricerca sul sogno di un futuro migliore con i suggerimenti di Vittorio Lingiardi, tratti dal suo appassionato volumetto *L'ombelico del sogno*[3], uscito pochi mesi fa.

Gli antichi guardavano ai sogni in funzione del domani, come profezie o come premonizioni. Ogni corte aveva il suo oniromante, visto che i sogni avevano origine divina. Nel Novecento anche Freud, il padre della psicoanalisi, era convinto che custodissero un messaggio, inviato però dall'inconscio, che rivela il passato nel presente. Tutti sono interessati al sogno, dai cultori della Smorfia (nome che deriva da Morfeo) che si giocano i numeri al Lotto, agli scienziati che studiano i circuiti neurali, agli scettici che li considerano una superstizione, una materia per astrologi e cartomanti.

Per lo psicoanalista inglese Wilfred Bion il sogno è un elemento strutturante della vita mentale, dello sviluppo della personalità e della formazione del pensiero. Afferma che senza fantasia e senza sogni non si hanno gli strumenti per pensare e per risolvere i problemi. La sua intuizione più famosa è che sognare non è un'attività confinata nello stato di sonno, ma un processo attivo anche nello stato di veglia, attraverso il quale si può trasformare e dare significato ad elementi grezzi, impressioni sensoriali ed emotive, facendoli divenire componenti mentali capaci di simbolizzare e rappresentare la realtà.

Questo ruminare perpetuo della mente ci suggerisce che possiamo accantonare nel sogno ogni irrazionalità sconclusionata per valorizzare invece il racconto simbolico ed utopico. È possibile allora un pensiero forte, senza le limitazioni di processi logici causa/effetto, con la capacità di guardare le cose da più punti di vista e in diversi momenti temporali. Attraverso questa comprensione, che possiamo chiamare "panoramica", riusciamo ad arricchire il sogno perché abbia forza corale, di popolo, e una vitale e straordinaria potenza.

In *Sette notti*, una raccolta di conferenze tenute a Buenos Aires nel 1977, Borges ci insegna che i sogni *"ci domandano qualcosa e noi non sappiamo rispondere; ci danno la risposta e rimaniamo attoniti"*[4].

---

2   Cfr. Papa Francesco, *Ritorniamo a sognare. La strada verso un futuro migliore*, Milano, Piemme, 2020.
3   Cfr. V. Lingiardi, *L'ombelico del sogno*, Torino, Einaudi, 2023.
4   Cfr. J.L. Borges, *Sette notti*, Milano, Feltrinelli, 1983, p. 41.

Non è dunque così facile utilizzare le potenzialità del sogno e la sua capacità di vedere oltre …

2) Siamo tutti sulla stessa barca

Sempre papa Francesco ci conduce a riflettere:

> Avendo toccato con mano la fragilità che contraddistingue la realtà umana e la nostra esistenza personale, possiamo dire che la più grande lezione che il Covid-19 ci lascia in eredità è la consapevolezza che abbiamo tutti bisogno gli uni degli altri, che il nostro tesoro più grande, seppure anche più fragile, è la fratellanza umana, […] e che nessuno può salvarsi da solo.[5]

Ma è solo un problema legato all'incapacità di riuscire a superare l'individualismo o la visione di parte ciò che ci impedisce di trovare soluzioni efficaci?

3) Mettere al centro la fiducia nel futuro e la voglia di vivere

Vito Mancuso, in un recente articolo in occasione della Pasqua[6] si chiede cosa sta morendo dentro di noi e che ci rende incapaci di opporci alla deriva di cui siamo testimoni. Si può credere o no alla risurrezione di Cristo, ma il simbolo che essa rappresenta va al di là della fede teologica perché rimanda alla speranza e alla visione positiva del processo vitale. Afferma dunque Mancuso che dentro di noi sta agonizzando la nostra specificità di esseri umani, che egli individua nella interiorità. La si chiami anima o in altri modi poco importa, essa è la nostra più preziosa ricchezza. Se soffriamo dunque di sfiducia in noi stessi l'unico modo per affrontare e risolvere la crisi è riacquisire fiducia.

Di fronte all'obiezione che questo non è un atteggiamento razionale dobbiamo riconoscere che tutte le cose davvero importanti dell'esistenza non sono razionali. Vale per l'amore, la passione, l'entusiasmo. Irrazionale

---

5   Cfr. Papa Francesco, *Messaggio per la 56ª giornata mondiale della pace. 1º gennaio 2023*, Roma, Libreria Editrice Vaticana, paragr. 3.

6   Cfr. V. Mancuso, "Alla ricerca della Risurrezione" in *La Stampa*, 8 aprile 2023.

non vuol dire falso, perché la verità non coincide con la ragione. La verità è più della ragione: è forza, energia, impeto, impegno.

Etty Hillesum, la giovane ebrea olandese vittima dell'Olocausto, scriveva il 3 luglio 1943 dal lager di Westerbork:

> La miseria che c'è qui è veramente terribile, eppure, la sera tardi, quando il giorno si è inabissato dietro di noi, mi capita spesso di camminare di buon passo lungo il filo spinato, e allora dal mio cuore si innalza sempre una voce – non ci posso far niente, è così, è di una forza elementare –, e questa voce dice: la vita è una cosa splendida e grande, più tardi dovremo costruire un mondo completamente nuovo. A ogni nuovo crimine o orrore dovremo opporre un frammento di amore e di bontà che bisognerà conquistare in noi stessi. Possiamo soffrire ma non dobbiamo soccombere." [...] Perciò vi raccomando: rimanete al vostro posto di guardia, se ne avete già uno dentro di voi.[7]

L'esperienza di resilienza mistica di Etty è un insegnamento che può sgomentarci. Ho cercato dunque esempi e personaggi diversi, tra i piccoli della vita e del mondo, senza sapienza e studi, che possano convincerci che questo profondo anelito di vita incomprimibile presente in ognuno di noi può divenire invincibile.

Si è imposta subito con evidenza la cd. **favola della giungla**: i quattro bambini colombiani sopravvissuti nella giungla amazzonica per 40 giorni e ritrovati l'11 giugno scorso. Lesly di 13 anni, Soleini di 9, Tien Noriel di 4, Christian di 1 anno (compiuto il 26 maggio), tre femmine e un maschio (Tien), sono sopravvissuti allo schianto del piccolo Cessna in cui è morto il pilota, un leader indigeno e la loro mamma. Stavano viaggiando per raggiungere il padre, fuggito dal suo paesino in seguito alle minacce dei narcoterroristi. Il primo maggio l'incidente nel cuore della foresta. Si mobilitano militari e indios per trovare i superstiti, ma solo il 18 maggio si rinvengono i resti dell'aereo: i tre adulti sono morti e i bambini non ci sono! Iniziano dunque i tentativi di salvarli in una selva fittissima, con frequenti piogge, con scorpioni, zanzare, serpenti, ragni. Il colonnello Sanchez è convinto di poterli salvare e si fa aiutare da alcuni indios. Vengono ritrovate tracce dei bambini: pannolini, un biberon, delle scarpe da tennis, un fiocco per i capelli. Poi, dopo tanti tentativi, finalmente la radio colombiana dà l'avviso tanto atteso: miracolo, miracolo, miracolo, miracolo!

---

7   Cfr. E. Hillesum, *Lettere 1942-1943*, Milano, Adelphi, 1990, p. 87.

I giornali del mondo raccontano incuriositi la vicenda. Anche in Italia vengono interpellati gli esperti per conoscere i pericoli che i bambini hanno superato. Lo scrittore Di Paolo[8] parla di rivincita dell'istinto, ma subito si capisce il ruolo fondamentale di Lesly. È la ragazzina che si è caricata di unire il gruppo dei fratelli, di occuparsi dei due piccoli, di spronare e far coraggio. Sono indigeni Uitoto, dell'etnia Muinanes, tribù che vive sul fiume Cahuinari, nel sud ovest della Colombia, e sono stati abituati dalla nonna a conoscere la giungla. Su *Robinson,* alcuni giorni dopo Gabriele Romagnoli[9], ricorda gli illustri precedenti letterari (da *Robinson Crusoe,* a *Il signore delle mosche,* a *Una nuova storia non cinica dell'umanità* di Rutger Bregman), e trae alcune conclusioni:

- non sono bambini occidentali,
- hanno quotidiani contatti con la natura,
- vivono in condizioni disagiate,
- conoscono la fatica,
- sono abituati ad affrontare l'imprevisto,
- hanno senso di responsabilità,
- il fine è la salvezza comune.

Tra le poche frasi che hanno detto i ragazzini, smunti e disidratati, è che sono stati salvati dagli alberi, ma anche dagli spiriti che animano il mondo della foresta amazzonica.

Parole che mi hanno riportato alla mente l'intervista che il salesiano Giuseppe Zanardini, autore di *"Dio parla nella selva"*[10], ha rilasciato sulla sua trasformazione religiosa a contatto con gli indios del Paraguay. In essa riporta una dichiarazione di Miri Poty, un indigeno guaranì, eccone uno stralcio:

> È importante conoscere noi stessi, conoscere il nostro percorso e il percorso degli altri per essere, stare e sentire nel mondo. L'unico modo per reindirizzare il cammino è a partire dalla forza del cuore e per questo bisogna tenere sempre acceso il fuoco nel cuore; non dobbiamo

---

8 Cfr. P. Di paolo, "La rivincita dell'istinto" in *La Repubblica,* 11 giugno 2023
9 Cfr. G. Romagnoli, "Robinson salvato dai bambini Venerdì" in *Robinson*, suppl. de *La Repubblica,* 17 giugno 2023.
10 Cfr. G. Zanardini, *Dio parla nella selva,* S. Pietro in Cariano (VR), Gabrielli, 2021.

mai lasciare che si spenga. Abbiamo la grande responsabilità di essere custodi del fuoco del cuore perché sia sempre acceso. Il fuoco del cuore fa rivivere la parola, perché solo così possiamo incontrarci con gli altri e, soprattutto, reincontrarci con noi stessi. La parola che dà vita al cuore ci permetterà di parlare con amore e rispetto con lo spirito della terra, della natura e del cosmo.[11]

Ci avviamo al termine. Nei ragionamenti finora svolti spero che abbiate condiviso qualche provvisoria conclusione.

Dobbiamo pensare in grande, senza abbatterci, sognare un futuro che risponda alla nostra passione di vita, usando tutte le nostre profonde energie per individuarlo.

Capire che stiamo decidendo un destino comune, non il mio o il nostro, ma quello di ognuno e di tutti.

Allora con quali strumenti farsi guidare nel cammino, quale potrebbe essere la nostra bussola? E cosa lasciarsi dietro, quali fardelli inutili dobbiamo abbandonare?

Quale uomo può costruire il futuro?

A questo punto riprendo alcune profonde intuizioni di Ernesto Balducci, espresse negli ultimi anni della sua vita, attraverso numerosi articoli poi raccolti soprattutto in due libri *"L'uomo planetario"* e *"La terra del tramonto"*[12]. Sono passati oltre trent'anni, ma questi stimoli espressi con grande lucidità e trascinante capacità oratoria, restano profondamente attuali. Il grande intellettuale e l'autentico uomo del popolo amiatino anticipò molti dei temi culturali, politici, religiosi che da allora si sono affacciati ad interrogarci. Qui vorrei illustrarvi due idee forza, per tanti aspetti interconnesse.

La prima riguarda **l'uomo planetario**, cioè l'uomo che sta nascendo.

Nel nuovo clima di fragilità della terra e dell'uomo, Balducci rifletteva sul significato delle appartenenze e sul contributo delle religioni alla creazione di un uomo che abbracciasse in sé i valori del pianeta intero, un uomo

---

11 Cfr. *Adista Segni Nuovi*, n°11 del 25 marzo 2023, p. 8.
12 Dei due volumi esistono varie edizioni. Quelle che ho usato sono: E. Balducci, *L'uomo planetario*, S. Domenico di Fiesole (FI), Ed. Cultura della pace, 1990 e E. Balducci, *La terra del tramonto. Saggio sulla transizione*, Giunti, Milano-Firenze, 2005.

"planetario" appunto. La bomba atomica, secondo Balducci, ha fatto imprimere alla storia una svolta epocale, l'evoluzione trova qui un punto di non ritorno. Non è infatti più possibile che l'uomo faccia la guerra, pena la totale distruzione, dunque è costretto a scegliere la pace, non può fare altro (abbiamo visto che purtroppo non è così, ma non è questo che ora ci interessa)

La planetarizzazione significa che, una volta che la specie umana è arrivata a percepirsi come un tutt'uno, la responsabilità di ognuno riguarda l'intero pianeta. Ogni qualifica identitaria porta alla divisione degli esseri umani e per Balducci è da rigettare, per questo anch'egli non vuole qualificarsi come cristiano. L'approccio per lui è ormai del tutto laico, benché mai dubiti della sua fede in Gesù che proprio in questo nuovo contesto vede esaltata senza pesantezze storiche e istituzionali.

> Quella che io propongo non è la distruzione delle identità tradizionali, è l'opzione per un'identità nuova in cui potenzialmente si ritrovino tutte le identità elaborate dal genere umano nel suo lungo cammino. Ha poco senso, per me, il trapasso da un'identità all'altra di quelle che formano il volto policromo dell'umanità attuale [...] l'uomo vero a cui dobbiamo ormai convertirci non sta lungo il perimetro delle culture esistenti, sta più in alto, ci trascende, con un trascendimento che è già inscritto nelle possibilità storiche, anzi già prende forma, qua o là.[13]

Nasce un altro modo di vivere, una cultura della pace basata su due pilastri: la politica e l'ecologia. Oltre alla pace tra gli esseri umani vi sarebbe stata pace con il pianeta. Balducci fu tra i primi a cogliere non solo l'urgenza, ma anche il valore spirituale dell'ecologia, divenuta questione centrale.

Termina il suo libro con questa affermazione forte: "*Chi ancora si professa ateo, o marxista, o laico e ha bisogno di un cristiano per completare la serie delle rappresentanze sul proscenio della cultura, non mi cerchi. Io non sono che un uomo*"[14].

C'è un'altra intuizione balducciana che merita un ricordo attento, fu espressa l'anno precedente alla sua morte. La crisi contemporanea, che padre Ernesto attribuiva alla scissione della ragione dall'amore, dalla creatività, dalla passione per l'uomo, lo portava a riflettere sull'ambiguità della cultura occidentale. Vi identificava due poli, uno della razionalità sotto il segno del **senex** (il vecchio), uno della spontaneità, dell'immediatezza, della diversità sotto quello del **puer** (il giovane). Finora la logica della ragione, intimamente congeniale alla distru-

---

13 Cfr. E. Balducci, *L'uomo planetario*, op. cit., p. 172
14 Cfr. E. Balducci, *op. cit.* p. 178.

zione e alla morte, fino all'estremo della bomba atomica, ha trionfato riuscendo a ricondurre all'ordine, alle regole, alla normalizzazione ogni rivolta contro la disciplina espressa dalle novità che il **puer** conduce. La paura del caos e l'angoscia di un salto senza garanzie ha sempre confermato il **senex**. Questa doppia polarità dovrebbe essere coniugata, ma ormai le condizioni antropologiche richiedono che l'equilibrio perduto si ricerchi con uno slancio in avanti, non c'è passato da rimpiangere, il paradiso perduto non è alle nostre spalle, è la proiezione di ciò che potremmo saper costruire.

Allora per giungere alla ricomposizione delle frantumazioni della storia Balducci utilizza categorie individuate dallo storico Ernest Bloch. Indica un **uomo edito**, cioè un uomo che si è espresso così com'è stato prodotto dalla cultura, ma che traduce solo in parte le potenzialità latenti dentro di sé. E poi illustra che:

> C'è in noi un cumulo di possibilità inattuate, un nocciolo che contiene in sè infinite virtualità che non hanno trovato ancora la primavera adatta alla loro germinazione. Questo cumulo di possibilità è l'uomo nascosto. [...] Non siamo uomini se non abbiamo l'esigenza di oltrepassarci. [...] La verità dell'uomo non è una identità data, è nelle sue possibilità ancora inesprimibili.[15]

L'uomo planetario, l'uomo inedito, quello ancora nascosto, sono le speranze che il padre scolopio ci regala nella sua riflessione. Se con Ivan Illich avevamo sentito l'afflato che la convivialità evocava nella costruzione di una umanità rinnovata, il dono di queste ulteriori idee ci porta al termine del nostro breve viaggio.

Con Balducci possiamo allora concludere:

> Una cosa è certa: qualsiasi soluzione data ai nuovi problemi che non si collochi nella prospettiva della comunità mondiale è effimera e spesso perniciosa. L'impossibilità di prefigurare le forme concrete della comunità mondiale non è ragione sufficiente per lasciarsi invadere dal dubbio. La lezione che ci viene dalla storia della specie è che, messa di fronte ai dilemmi estremi, - e ormai il dilemma è tra la vita e la morte – essa è in grado di rivelare insospettate risorse creative. La novità è affidata alle viscere della necessità.[16]

---

15 Cfr. E. Balducci, "La transizione: homo duplex" in *Testimonianze*, bimestrale, Firenze, n. 312, 1989, p. 20.
16 Cfr. E. Balducci, *La terra del tramonto*, op. cit., p. 212.

EDUCARE ALLA PACE CON COSCIENZA ECOLOGICA
di *Fabio Caporali*

Introduzione

Di fronte alla "crescente isteria di guerra" (Morin, 2023) che caratterizza purtroppo l'attuale momento storico dell'intera civiltà umana, ormai globalizzata sul pianeta Terra, le istituzioni culturali non possono far altro che riconoscere l'urgenza di reclamare la costruzione di una "cultura di pace" che tuttora non appare manifesta e non incide sul corso degli eventi. Esiste tuttavia una documentazione rilevante a vari livelli (internazionale, nazionale e locale) che suggerisce la necessità di procedere a rafforzare il fondamento culturale che contrasta il paradigma dominante del diritto dei popoli alla pace conseguibile attraverso il concetto delle "guerre giuste". Se la guerra venisse riconosciuta invece come una patologia persistente della civiltà umana e la pace il suo decisivo antidoto, l'intero apparato delle istituzioni culturali operanti nella società dovrebbe essere riformato nei suoi percorsi educativi attraverso il convincimento e le testimonianze che affermano la cultura di pace come l'irrinunciabile obiettivo finale da raggiungere per prevenire lo scoppio delle guerre (Navarro-Castro e Nario-Galace, 2010). A questo proposito vale riconoscere, come bussola orientativa, la sorprendente attualità delle considerazioni della famosa pedagogista Maria Montessori (1949) quando nelle sue conferenze a carattere internazionale rilevava che si aspira alla pace ma nessuno educa alla pace, mentre invece si educa alla competizione che è l'inizio di ogni guerra. Solo quando saremo in grado di educare per la cooperazione, allora si starà educando per la pace. Maria Montessori indicava anche una via specifica per costruire una cultura di pace segnalandola come "missione cosmica" per l'umanità e ravvisandola nella "missione unica ed universale della scienza" (pag.97) riguardante "lo studio moderno della geologia e dell'evoluzione della terra" (pag.98):

In questo studio il fatto più interessante, direi quasi impressionante, è che la terra è una creazione della vita. Dalla vita sono create le rocce, l'humus, dalla vita è mantenuta l'armonia [...] Chi più chi meno tutti gli esseri viventi sulla terra hanno una missione cosmica. Il mantenimento della terra è connesso a tante specie diverse, ciascuna delle quali ha un compito speciale e ben determinato [...] La vita dunque è considerata un'energia che mantiene la vita [...] L'uomo non avrà anch'egli una missione cosmica da svolgere sulla terra? [...] Deve esservi un afflato di universalità che accompagni l'uomo sino alla morte [...] L'uomo così preparato, conscio della sua missione cosmica, sarà capace di costruire il nuovo mondo della pace (pp. 98-100).

Se si considera che la conferenza in cui queste considerazioni soso state espresse è stata tenuta a Copenaghen nell'agosto del 1937, non si può fare a meno di rilevarne il carattere anticipatorio per i contenuti ecologici ed eco-teologici che sono attualmente sviluppati per costruire una cultura della pace basata sulla coscienza ecologica (Caporali, 2021; Mazzoncini e Caporali, 2023).

I caratteri della guerra e della pace entro il quadro della coscienza ecologica.

Uno degli aspetti sostanziali della visione ecologica della realtà è quello di assumerla come *una gerarchia di sistemi interconnessi*, che si organizzano e si influenzano reciprocamente dalla piccola alla grande scala e viceversa. Per gli aspetti che interessano la vita vista dal punto di osservazione della dimensione umana, tre sono i livelli di organizzazione da tenere in massima considerazione, la singola *cellula* (sistema di organelli); l'*organismo* (colonia di cellule e sistema di organi); l'*ecosistema* (sistema di organismi viventi in un contesto ambientale che li ospita). L'interdipendenza di questi tre ordini gerarchici si riscontra facilmente nella dimensione umana, dove ciascun individuo o persona, è un essere in divenire che parte da una cellula iniziale, o *zigoto*, si differenzia in una colonia di cellule altamente specializzate per struttura e funzioni (tessuti e organi) che definiscono il singolo organismo, il quale vive poi in stretta relazione, fino alla sua morte, entro un contenitore più vasto costituito da componenti ambientali fisici, biotici e sociali, definito nel complesso come ecosistema. Anche l'ecosistema ha una sua gerarchia di organizzazione che ha limiti iniziali, intermedi e finali (ecosistema locale, continentale, planetario, cosmico).

In questo complesso e articolato scenario (non creato dall'uomo), l'uomo vive come creatura partecipante, come singolo individuo e parte integrante dell'intera umanità, con la capacità crescente di alterare significativamente, allo stato attuale di evoluzione tecnologica, l'intero metabolismo dell'ecosistema terrestre. Questa era di evoluzione planetaria si definisce oggi come *Antropocene*, o era del dominio umano sulla terra (Steffen e al, 2011). I vari popoli della terra si sono storicamente contraddistinti per l'appropriazione delle risorse terrene (beni materiali e immateriali) al fine di sviluppare le loro attività produttive, esercitare il possesso, il potere e il loro stile di vita, praticando al massimo grado la violenza attraverso la guerra. Questa attitudine risulta attualmente accentuata dalla corsa a nuovi armamenti, sempre più rischiosi per l'intera umanità come le armi nucleari, che generano tuttavia un rigetto culturale rivolto alla protezione della vita in generale e un antidoto, ossia la *cultura della pace,* di cui il nostro pianeta ha assoluta necessità e di cui l'umanità è l'unico detentore responsabile. Le considerazioni finora esposte costituiscono parte integrante della narrazione necessaria a costruire una *coscienza ecologica*.

In termini generali, la coscienza ecologica è coscienza delle relazioni con il contesto socio-ambientale nel quale individui ed istituzioni operano. Guerra e pace sono relazioni contrapposte che identificano un atteggiamento di violenza (la guerra) o di armonia (la pace) con il resto della natura (il complesso socio-ambientale). In termini percentuali di potenzialità di realizzazione della sostenibilità delle relazioni tra l'uomo e il resto della natura, la guerra è pari allo 0% mentre la pace è pari al 100%. Una classificazione largamente accettata dei bisogni dell'uomo in relazione alla disponibilità di risorse socio-ambientali è quella enunciata dallo psicologo Abraham Maslow (1968) riportata nella tabella 1 nella pagina successiva.

Lo stato ontologico di dipendenza degli esseri umani dal contesto di vita è in primo luogo riferibile alla disponibilità di cibo e di riparo che, rispettivamente, identificano il valore della sopravvivenza e il valore della sicurezza. Questi bisogni materiali primari sono indispensabili per la realizzazione dei bisogni immateriali che seguono e che sono dipendenti dalle relazioni di carattere sociale e metafisico, quali l'amicizia e l'amore, l'autostima e la spiritualità che soddisfano, rispettivamente, i valori di appartenenza, identità e autorealizzazione. È purtroppo noto che la guerra non solo pregiudica direttamente i valori di esistenza, sopprimendo la vita di soldati e civili o creando menomazioni fisiche e mentali, ma anche altera drammaticamente per la popolazione civile le relazioni primarie e quelle affettive tra i popoli, mutando l'amore in odio e l'amicizia in conflittualità. L'obiettivo di costruire una cultura di pace per l'intera umanità non è una utopia, ma la condizione più razionale per assicurare all'umanità stessa il soddisfacimento dei bisogni materiali di base e la promozione delle condizioni di equità, giustizia e solidarietà sociale indispensabili per permettere la piena attuazione delle potenzialità umane.

Tabella 1. Bisogni umani per l'esistenza e l'autorealizzazione (da Maslow, 1968, modificato)

Tipo di bisogno	Elemento di dipendenza	Valore di esistenza
fisiologico	cibo, salute	sopravvivenza
etologico	protezione, riparo	sicurezza
sociale	amicizia, amore	appartenenza
individuale	autostima	identità
metafisico	creatività, spiritualità	autorealizzazione

La coscienza ecologica di un futuro condiviso

La testimonianza più immediata di coscienza ecologica per un futuro condiviso è costituita senza dubbio dai documenti ufficiali diffusi dalle agenzie internazionali di coordinamento e di sviluppo delle attività umane (culturali, politiche, economiche, religiose).

Le iniziative ONU nel settore delle relazioni uomo-natura sono state avviate nel 1971, attraverso il lancio del programma internazionale " L'Uomo e la Biosfera" (Man and Biosphere, MAB) a carico dell'UNESCO , agenzia internazionale dell'ONU per l'Educazione, la Scienza e la Cultura. Il programma MAB (1971), mirato allo studio delle relazioni tra l'uomo e l'ambiente, ha costituito il primo grande impegno internazionale che ha mobilitato le istituzioni di ricerca in tutto il mondo sul seguente obiettivo:

"Sviluppare le basi tra le scienze naturali e sociali per il razionale uso e la conservazione delle risorse della biosfera e per il miglioramento delle relazioni globali tra l'uomo e l'ambiente ".

La base metodologica suggerita e seguita nel programma MAB è stata quella dell'approccio ecosistemico, dove l'uomo è considerato *in partnership* con la natura, cioè un *cooperatore* che prende e dà alla natura, usando e conservando le risorse allo stesso tempo. La messa in atto di questo programma di ricerca ha costituito un segnale importante nel definire la strategia per affrontare gli emergenti problemi di riorganizzazione delle attività umane in funzione del nuovo obiettivo della sostenibilità, ossia dell'armonica relazione tra uomo e natura.

Nell'assemblea generale dell'ONU del 2015 sono stati varati gli obiettivi di sviluppo sostenibile per l' "Agenda 2030" (BOX 1).

BOX 1. Obiettivi dello sviluppo sostenibile in 17 punti (ONU, 2015)

"Le persone sono al centro dello sviluppo sostenibile: da questo assunto deriva l'obiettivo di raggiungere un mondo che sia giusto, equo e inclusivo. L'impegno è di lavorare insieme per promuovere e sostenere contemporaneamente crescita economica, sviluppo sociale e protezione ambientale. I benefici sono previsti per tutti, ma in particolare per i giovani e le future generazioni, senza distinzione di sesso, disabilità, cultura, razza, etnia, origine, stato migratorio, religione, economia o altra condizione"

1. Mettere termine alla povertà in tutte le sue forme e dovunque
2. Mettere termine alla fame, raggiungere la sicurezza alimentare, migliorare l'alimentazione e promuovere un'agricoltura sostenibile
3. Permettere vita sana e promuovere il benessere per tutti a qualsiasi età
4. Impartire un'educazione di qualità, inclusiva ed equa, e promuovere opportunità di apprendimento per tutto il corso della vita
5. Raggiungere uguaglianza di genere e dare pari opportunità a donne e ragazze
6. Permettere l'accesso e la gestione sostenibile dell'acqua per tutti
7. Permettere l'accesso a forme di energia praticabili, sostenibili e moderne per tutti

8. Promuovere una crescita economica sostenibile e inclusiva, pieno e produttivo impiego in condizioni decenti per tutti
9. Costruire infrastrutture resilienti, promuovere una industrializzazione sostenibile e inclusiva, e favorire l'innovazione
10. Ridurre la disuguaglianza entro e tra Paesi
11. Costruire città e insediamenti umani inclusivi, sani, resilienti e sostenibili
12. Promuovere modelli di consumo e produzione sostenibili
13. Mettere in atto urgenti azioni per contrastare il cambiamento climatico ed i suoi impatti
14. Conservare e usare in maniera sostenibile oceani, mari e risorse marine per lo sviluppo
15. Proteggere, recuperare e promuovere l'uso sostenibile degli ecosistemi terrestri; gestire le foreste in maniera sostenibile; combattere la desertificazione e contrastare/ invertire la degradazione del suolo e la perdita di biodiversità
16. Promuovere società pacifiche ed inclusive per lo sviluppo sostenibile, consentire accesso alla giustizia per tutti e costruire istituzioni affidabili ed inclusive a tutti i livelli
17. Rafforzare i mezzi di implementazione e rivitalizzare la solidarietà globale per lo sviluppo sostenibile

Per quanto concerne l'aspetto ritenuto più urgente – quello indicato al punto 13 e riguardante il riscaldamento del pianeta ed i suoi effetti – è importante segnalare quanto concordato nell'Accordo di Parigi (ONU, 2015a) in merito alle due più significative azioni da intraprendere che sono quelle di *mitigazione* (riduzione delle emissioni di gas serra da fonti antropogeniche) e di *adattamento* (adeguamento con misure strutturali e di processo all'impatto ormai in atto dei cambiamenti climatici). A questo riguardo, l'Accordo prevede all'Art.2 quanto segue:

a) mantenere l'aumento della temperatura media globale ben al di sotto di 2° C rispetto ai livelli preindustriali e fare ogni sforzo per mantenere l'aumento di temperatura entro 1.5° C rispetto ai livelli preindustriali, riconoscendo che ciò potrebbe ridurre in modo significativo i rischi e gli effetti dei cambiamenti climatici;

b) aumentare la capacità di adattamento agli effetti negativi dei cambiamenti climatici;

c) rendere i flussi finanziari coerenti con un percorso che conduca a uno sviluppo a basse emissioni di gas ad effetto serra e resiliente al clima

All'Art. 5, si segnala inoltre l'impegno inderogabile di conservare e migliorare "i bacini di assorbimento e i serbatoi di gas ad effetto serra, comprese le foreste". In ogni caso, l'Accordo di Parigi è un'ulteriore significativa tappa nel cammino intrapreso per "educare" e motivare gli Stati a includere la protezione del clima e l'adattamento nelle loro attività di pianificazione.

Tra le grandi istituzioni culturali, le Università Europee hanno raccolto il messaggio universale di impegno per la sostenibilità fissando- in uno storico documento firmato nel 1988 dai Rettori riuniti presso l'Università di Bologna in occasione della celebrazione del nono centenario della istituzione universitaria in Europa (*Magna Charta* delle Università Europee) - alcuni principi di attuazione (riportati in tabella 2) che definiscono il tipo di ricerca e di didattica che deve animare il futuro lavoro di formazione culturale e professionale svolto dalle Università a favore della società umana.

Tabella 2. Ruolo e compiti delle Università Europee (da Magna Charta, 1988)

1. L'Università è un'istituzione autonoma che produce e trasmette criticamente la cultura mediante la ricerca e l'insegnamento
2. L'avvenire dell'umanità, al concludersi di questo millennio, dipende in larga misura dallo sviluppo culturale, scientifico e tecnico che si svolge nelle Università
3. Il compito di diffondere le conoscenze che l'Università deve assumere nei confronti delle nuove generazioni implica attualmente che essa si rivolga anche all'intera società
4. L'Università deve assicurare alle generazioni future un'educazione ed una formazione permanente che consenta di contribuire al rispetto dei grandi equilibri dell'ambiente naturale e della vita

Di recente (febbraio 2022), anche la *Costituzione Italiana* è stata emendata all'Articolo 9 per le esigenze mirate a costruire una diffusa coscienza ecologica includendo gli obblighi per:
"la tutela dell'ambiente, della biodiversità e degli ecosistemi, anche nell'interesse delle future generazioni".

Anche le istituzioni religiose a livello internazionale hanno preso posizione in favore di una strategia di sviluppo sostenibile per l'umanità e la biosfera. Il Consiglio delle Conferenze Episcopali d'Europa (CCEE) e la Conferenza delle Chiese d'Europa (KEK) hanno elaborato nel 2001 un documento dal titolo *Charta Oecumenica-Linee guida per la crescita della collaborazione tra le Chiese in Europa* (2003) dal quale emerge: a) un impegno ecumenico a riconciliare popoli e culture; b) un impegno sociale per promuovere la giustizia tra ed entro i popoli, contrastando l'abisso che separa ricchi e poveri come pure la piaga della disoccupazione; c) un impegno ambientale per la salvaguardia del creato. Per quest'ultimo punto l'impegno è precisato (par.9) nel seguente modo:

"Vogliamo impegnarci insieme per realizzare condizioni sostenibili di vita per l'intero creato. Consci della nostra responsabilità di fronte a Dio, dobbiamo far valere e sviluppare ulteriormente criteri comuni per determinare ciò che è illecito sul piano etico, anche se realizzabile sotto il profilo scientifico e tecnologico".

Nell'ambito della Chiesa Cattolica, l'Enciclica "Laudato sì" (LS) di Papa Francesco (2015) si può considerare l'apice di un processo di evangelizzazione basato sulla *conversione ecologica*, mirato ad "unire tutta la famiglia umana…per costruire la nostra casa comune". L'*appello* del punto 13, rivolto a ciascun individuo o istituzione, sottolinea che "abbiamo bisogno di un confronto che ci unisca tutti, perché la sfida ambientale che viviamo, e le sue radici umane, ci riguardano e ci toccano tutti". L'*appello* cita inoltre il bisogno di "nuova solidarietà universale", nella certezza che "tutti possiamo collaborare come strumenti di Dio per la cura della creazione, ognuno con la propria cultura ed esperienza, le proprie iniziative e capacità". L'*appello* auspica quindi un percorso di assunzione di "motivazioni" e sollecita l'inizio di una "cammino educativo" che poi viene sviluppato in maggiore dettaglio nel Cap.VI, dedicato al tema "Educazione e spiritualità ecologica". L'assunto fondamentale che ispira e motiva tutta l'Enciclica in chiave prospettica è che "non c'è una questione ambientale distinta da una questione sociale"; le due questioni sono compenetrate e necessitano una soluzione congiunta. La crisi che attraversa l'umanità è anche crisi di conoscenza in quanto non si è ancora giunti a riconoscere che esiste, secondo il concetto di *ecologia integrale* (LS, cap.IV), una unica crisi socio-ambientale, dove uomo e natura non sono scindibili in quanto ontologicamente appartenenti all'ecosistema planetario e cosmico.

Dal punto di vista della prospettiva filosofica dell'educazione, ed in particolare riguardo alla finalità del processo educativo in rapporto al nesso tra il lavoro dell'uomo e quello della natura, di estremo interesse sono le considerazioni svolte dal filosofo tedesco Martin Heidegger nel suo saggio "Costruire, abitare, pensare" tratto da una conferenza tenuta a Darmstadt nel 1951 (Heidegger, 1991). La sua analisi sulla etimologia delle parole *abitare* e *costruire* nella evoluzione della lingua tedesca porta alla indicazione che "l'abitare sarebbe quindi in ogni caso il fine che sta alla base di ogni costruire" e che "il costruire è già in se stesso un abitare". In quanto *abitante*, l'uomo è sulla terra in qualità di essere mortale che al tempo stesso deve "custodire e coltivare il campo", quindi "il tratto fondamentale dell'abitare è questo aver cura (*Schonen*) [...] Nell'abitare risiede l'essere dell'uomo, inteso come il soggiorno dei mortali sulla terra". In merito alle prospettive, Heidegger si chiede: "che ne è dell'abitare nella nostra epoca preoccupante?"; e la risposta rivela che "l'autentica crisi dell'abitare non consiste nella mancanza di abitazioni [...] La vera crisi dell'abitare consiste nel fatto che i mortali sono sempre ancora in cerca dell'essenza dell'abitare, che *devono anzitutto imparare ad abitare*".

L'agricoltura sostenibile come maestra di coscienza ecologica

L'interpretazione della realtà che risulta dal concetto di ecosistema è quella di un processo creativo in atto che si auto-sostiene grazie all'input di energia solare e di informazione e che si realizza attraverso il riciclo della materia e la creazione di biodiversità. Questa attitudine innata e creativa della natura si concretizza nella produzione di differenti forme biologiche, uomo incluso, che interagiscono con l'ambiente fisico e che si sostengono *troficamente* tra loro nei cicli generazionali, mantenendosi durevolmente pur mutando. Questo processo di stretta *cooperazione funzionale* è raffinato non solo quantitativamente ma anche qualitativamente, se ha prodotto come ultimo termine evolutivo l'uomo, che della natura è l'auto-coscienza. Nella strategia di eco-sviluppo della natura, dove la cooperazione tra i componenti ecosistemici domina nettamente sulla competizione, si realizza allo stesso tempo sostenibilità e innovazione creativa per cui, dato il suo successo, si auspica che questa strategia debba essere "mimata" anche nei sistemi organizzati dall'uomo, come quelli agrari definiti "sostenibili" (Lefroy e al, 1999). L'applicazione del concetto di ecosistema alla realtà agraria ha originato una nuova scienza di interpretazione e gestione dell'agricoltura che prende il nome di Agroecologia (Caporali, 1991). L'agroecologia mira appunto alla comprensione e alla piena valorizzazione delle leve naturali nell'organizzazione agraria, sia organismi che processi, per potenziare congiuntamente, attraverso la cooperazione, sia gli aspetti produttivi che quelli protettivi degli agro-ecosistemi.

La realtà rurale è un *continuum* spazio-temporale, tuttavia è articolabile in unità di studio o di gestione gerarchicamente collegate. Nella situazione agraria è ad esempio possibile distinguere una sequenza gerarchica di agro-ecosistemi a livello locale, ugualmente percorribile nei due sensi: dal campo coltivato (agro-ecosistema sotto-aziendale) fino al comprensorio agricolo regionale (agro-ecosistema sopra-aziendale), esistono evidenti collegamenti biofisici e socio-economici che determinano come risultato finale un *continuum* di organizzazione territoriale che si estende dalla micro alla macro-scala, dalla rizosfera al paesaggio rurale. Il livello di organizzazione dell'azienda agraria è quello più significativo, perché rappresenta il risultato del momento decisionale dell'agricoltore espresso in un ben circoscritto limite territoriale, quello dei confini aziendali, dove si materializza la capacità di bilanciare l'interazione tra le esigenze sociali ed i limiti fisici e biologici imposti dall'ecosistema nativo. Nella situazione di globalizzazione attuale, di informazione e di mercato, a livello locale si concretizzano ormai anche sollecitazioni di provenienza planetaria (climatiche, culturali, politiche, economiche, tecnologiche).

L'*agricoltura biologica* è una forma pratica di agricoltura - regolamentata per legge e definita da standard di produzione - che si ispira ai principi scientifici dell'agroecologia (Caporali, 2003). Il concetto fondante della progettazione e gestione agricola in regime biologico è quello di "agro-ecosistema sostenibile", dove le funzioni di produzione e di protezione si integrano reciprocamente sia nel contesto biofisico che socio-economico. La struttura dell'agro-ecosistema, ossia il numero e tipo di componenti che lo caratterizza, determina il suo funzionamento, ossia l'insieme delle interazioni tra i componenti, e quindi le prestazioni finali dell'agro-ecosistema. La struttura di un agro-ecosistema in regime biologico deve realizzare un risultato finale di elevata autonomia di funzionamento, poiché non è previsto l'uso di certi input esterni di energia-materia (prodotti chimici di sintesi come concimi, erbicidi, insetticidi, fitofarmaci, ecc.), che sono invece consueti nel sostegno produttivo e protettivo in regime di agricoltura convenzionale. Perciò in regime biologico deve essere comunque garantita una elevata produttività, pur nella condizione di bassa intensità di energia-materia per unità di output. Inoltre, i meccanismi interni di produzione, come la fertilità del suolo, e di protezione, come il controllo biologico spontaneo delle infestazioni, devono essere mantenuti integri ed efficienti nel tempo per garantire la stabilità di produzione. Tutte le sopra citate condizioni sono pertinenti al concetto di agroecosistema sostenibile perseguito nella pratica dall' agricoltura biologica, che può essere concepita come la forma più bilanciata di cooperazione tra gli interessi umani e le esigenze di rigenerazione delle componenti naturali, sia fisiche che biotiche.

L' applicazione dei principi ecologici nell' organizzazione dell'agricoltura a partire dall' agroecosistema azienda agraria, genera quindi una situazione di armonica cooperazione tra processi naturali e interessi umani ai fini sia dell'approvvigionamento di cibo che del governo del territorio. In questa condizione di pacifica convivenza, l'agroecologia svolge la funzione di asse culturale portante che sostiene la pace, cioè le buone relazioni sia entro natura (governo sostenibile del territorio) che tra gli uomini.

Figura 1. Agroecologia come asse portante della pace tra uomo e natura e tra gli uomini.

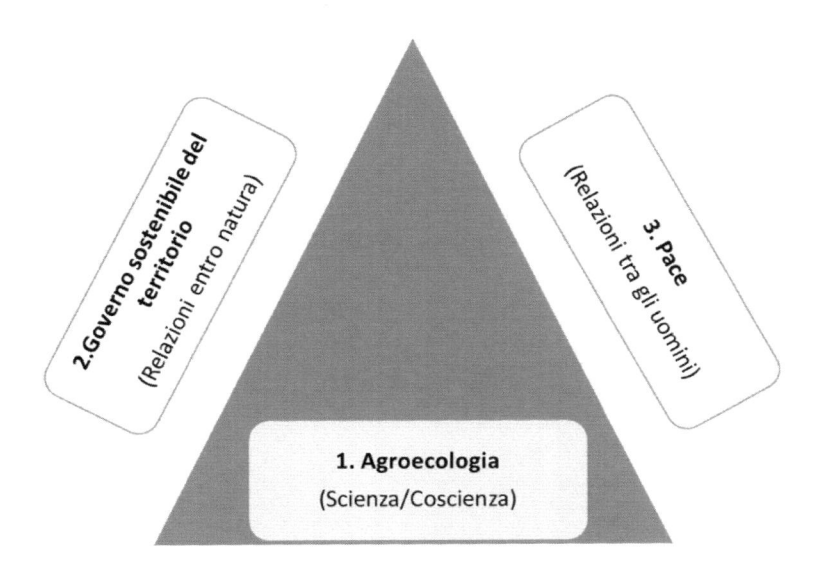

L'agroecologia è oggi un emergente campo transdisciplinare di ricerca ed azione, praticato nelle Università di tutti i continenti, con la potenzialità di incidere in maniera sostanziale sulla formulazione di leggi, pratiche di governo sostenibile del territorio, sicurezza e sanità alimentare, rivitalizzazione dell'economia locale e senso di appartenenza identitaria, capace di suscitare rinnovati impulsi etici di genuina fratellanza nello scenario planetario e cosmico che ci accoglie (Caporali, 2021).

Conclusioni

L'esigenza di connettere il tema della pace con quello della salvaguardia ambientale si presenta oggi come una necessità culturale inderogabile per contrastare le tendenze della guerra e del degrado planetario e locale che invece dominano la scena mondiale. Se guerra e degrado ambientale si associano nell'orizzonte spazio-temporale prossimo, le prospettive di sviluppo sostenibile tanto invocate nei documenti delle istituzioni internazionali, nazionali, statali e regionali risultano irrimediabilmente vanificate. Da questo convincimento è nato l'"Accordo di promozione culturale per la pace e la prosperità socio-ambientale" tra il Centro di Ricerche Agro-Ambientali "Enrico Avanzi dell'Università di Pisa (CiRAA) e il gruppo MEIC (Movimento Ecclesiale di Impegno Culturale) di Pisa "Ludovico Galleni", siglato in data 15 marzo 2022 (Mazzoncini e Caporali, 2023). L'Accordo mira a realizzare la suggestione di Papa Benedetto XVI suggerita con il messaggio della Giornata della Pace 2010: "Se vuoi costruire la pace, custodisci il creato". La sfida è quella di contribuire a costruire e diffondere una cultura della pace educando, tramite la ricerca e la pratica agricola svolta nel Centro di Ricerche "Enrico Avanzi", alla mitigazione dei conflitti con il riconoscimento e la promozione dei valori di cooperazione e simbiosi esistenti sia nei processi naturali che in quelli pianificati per la gestione sostenibile agraria, forestale e zootecnica.

Bibliografia

Fabio Caporali, *Ethics and Sustainable Agriculture. Bridging the Ecological Gaps.* Springer Nature, 2021.

Fabio Caporali, *Ecologia per l'Agricoltura.* Torino, Utet Libreria, 1991

Fabio Caporali, *Agricoltura e Salute. La sfida dell'agricoltura biologica*. Cento (FE), EDITEAM, 2003

CCEE (Consiglio dell Conferenze Episcopali d'Europa) e KEK (Conferenza delle Chiese d'Europa). *Charta Oecumenica*, Torino, Editrice Elledici Claudiana, 2003.

Martin Heidegger. *Costruire, abitare, pensare*, in *Saggi e Discorsi*, Milano, Mursia Editore, pp.96-108. 1991.

Edward Charles Lefroy et al., *Agriculture as a mimic of natural systems*. In *Agroforestry Systems* pp.VII-IX, Klever Academic Publisher, 1999.

MAB (Man and Biosphere*). International Co-ordinating Council of the Programme on Man and the Biosphere. Final Report*. Paris, UNESCO, 1971.

Magna Charta delle Universtà Europee. Bologna, 1988

Abraham Maslow, *Toward a Psychology of Being*. 2nd Ed., Princeton, Van Nostrand, 1968.

Marco Mazzoncini e Fabio Caporali, *Educare alla pace con coscienza ecologica*. Pisa University Press,2023

Maria Montessori, *Educazione e Pace*, Garzanti, Milano, 1949

Edgar Morin, *Di Guerra in Guerra*. Raffaello Cortina Editore, Milano, 2023

Loreta Navarro-Castro e Jasmin Nario-Galace, *Peace Education. A pathway to a culture of peace*. Center for Peace Education, Mirian College, Quezon City, Filippine.2010.

ONU (Organizzazione delle Nazioni Unite). *Agenda 2030*, 2015

ONU (Organizzazione delle Nazioni Unite). *Paris Agreement,* 2015a

Papa Benedetto XVI, *Se vuoi coltivare la pace, custodisci il creato*, Messaggio per la giornata mondiale della pace 2010, Città del Vaticano, 2010.

Papa Francesco, *Laudato si'*. Città del Vaticano, 2015.

Will Steffen e al., *The anthropocene from global change to planetary stewardship*. "Ambio", 40, pp. 739-761, 2011.

PAPA FRANCESCO, LA POLITICA E IL POPOLO
di Verónica Roldán

Introduzione[1]

Da anni, studiosi delle scienze sociali e giornalisti qualificati - argentini e non - seguono con attenzione l'opera pastorale e il pensiero politico di Jorge Mario Bergoglio. La conclusione a cui si è arrivati, per lo più, è che l'attuale Pontefice oltre ad essere un pastore, un gesuita è un uomo politico, anzi, un "animale" politico, come lui stesso si è definito in passato (Ivereigh, 2014). Cresciuto ai tempi del primo peronismo, quello degli anni 1946-1955, ha vissuto nell'Argentina di metà Novecento un clima di significative trasformazioni sociopolitiche che hanno segnato la sua visione pastorale, in linea con la Teologia del popolo e il suo impegno in politica in difesa dei più vulnerabili.

Il suo interesse sin da giovane alle vicende politiche ha portato alcuni osservatori a non vedere del tutto casuale la sua vocazione sacerdotale e il suo ingresso nella Compagnia di Gesù, considerata un modo di fondere la politica con la religione. Da quest'ordine sono usciti, infatti, grandi leader e figure con senso strategico sia in campo politico e sia in campo religioso.

Nel 2013, nel conclave riunito per eleggere il successore di Benedetto XVI, è il prelato argentino che ricorda con forza – in linea con il pensiero patristico - la necessità di riscoprire e rivivificare il *mysterium lunae*, quindi, che nella Chiesa risplenda la luce di Cristo e non la propria. Eletto Papa, Francesco – il cui nome ricorda ancora una volta la sua attenzione verso gli ultimi, gli "scartati" della società – possiede delle caratteristiche che lo rendono unico in confronto con i predecessori: è il primo Pontefice ad essere stato ordinato sacerdote dopo il Concilio Vaticano II, è il primo gesuita, il primo non europeo dopo il siriano Gregorio III (690-741 dC),

---

[1] Parte di questo saggio forma parte dei testi dell'opera collettanea a cura di Monica Simeoni, *I gesti e la filigrana. La trama del pensiero teologico e sociale di Francesco*, Gabrielli Editori, Roma, 2023.

il primo proveniente dall'emisfero sud e da un "mondo nuovo", vale a dire da quell'area che oggi la letteratura specialistica definisce come il "cristianesimo sud globale" [Jenkins 2004; Adeney 2009; Engelke e Robbins 2010; Picciaredda 2013].

In effetti, Papa Francesco si è formato culturalmente e teologicamente in quel continente che ha prodotto la Teologia della liberazione e la Teologia del popolo; essendo l'area dove ancora oggi, nella terza decade degli anni 2000, primeggia il cristianesimo, sia nella sua maggioranza cattolica, sia nella presenza di pentecostali e altre comunità evangeliche protestanti, insieme con denominazioni e comunità spirituali di presenza minore (Roldán 2018). Sia per la sua formazione sia per il suo impego politico giovanile, il Papa argentino ha una forte coscienza sociale e una costante preoccupazione per i "*desfavorecidos*" (svantaggiati). La sua visione è quella di un'Ecclesia vicina al popolo. Di conseguenza, con Papa Francesco, la Chiesa è divenuta più che mai «in uscita», caratterizzata da un'azione concreta a cui sono chiamati tutti i cristiani nel mondo. Il messaggio, i gesti, il linguaggio dell'attuale pontificato sono incentrati nella pietà popolare, nell'opzione per i poveri e per le periferie esistenziali e nella condanna della vanità e dell'idolatria del denaro.

Un altro elemento, non secondario, da considerare è che Bergoglio viene da quel cristianesimo del Sud del mondo che è – come affermano i sociologi Enzo Pace e Franco Garelli (2016) – un "cristianesimo postcoloniale" presente nell'America Latina, nell'Africa sub-sahariana e in Asia. Si tratta di «un movimento di risveglio spirituale dalle molteplici e impreviste forme organizzative di tipo carismatico. Tale movimento non conosce frontiere e riesce a penetrare in ambienti socioculturali che sinora sembravano refrattari a lasciarsi conquistare dal linguaggio del cristianesimo carismatico. Tale movimento, infine, sta erodendo lo spazio che le Chiese storiche avevano conquistato nel lungo ciclo delle colonizzazioni, dal Seicento ai giorni nostri» (Pace, Garelli 2016: 603-604).

Anche lo studioso statunitense Philip Jenkins (2004) afferma che la vertiginosa diffusione del cristianesimo nel Sud del mondo rende queste aree protagoniste dei rapporti interreligiosi nello scenario globale del XXI secolo. Oggi, dopo dieci anni dall'inizio del pontificato di Papa Francesco, si osserva con più forza lo spostamento del centro gravitazionale del cattolicesimo verso la "fin del mundo", certamente differente per cultura e per storia, da quello europeo, ma che si è dimostrato in grado di dare un contributo alla Chiesa del terzo millennio.

L'obiettivo di questo breve saggio è quello di soffermarsi sulla visione di Papa Francesco sulla responsabilità politica e di esaminare la sua idea di impegno politico che mira al bene comune e alla dignità della persona. Per tale progetto il Pontefice sottolinea la necessità di avere "politici di razza" e di recuperare l'essenza della politica che va vissuta in uno spirito di servizio. Si analizzerà, quindi, la sua visione di una politica del popolo, che non va confusa col populismo, ma intesa come stile di vita proiettato per la polis.

Papa Francesco e la politica

Da Papa, Bergoglio ha sempre evitato di esprimersi apertamente sulla situazione socioeconomica e politica della sua terra d'origine: le poche allusioni, di solito, erano generiche e invitavano al dialogo. Nel libro-intervista di Ambrogetti e Rubín (2023) in occasione del decimo anniversario di Pontificato, alla domanda sulla politica, il Pontefice risponde: «Sì, faccio politica perché penso che tutti debbano fare politica. Cos'è la politica? Uno stile di vita per la polis, per la città. Quello che non faccio però, né dovrebbe fare la Chiesa, è la politica dei partiti. Ma il Vangelo ha una dimensione politica, che è quella di trasformare la mentalità sociale, anche religiosa, delle persone» (Ivi: 138).

Bergoglio ribadisce che avere una visione politica non sia qualcosa di per sé contestabile e a chi lo accusa di ricevere in Vaticano molti politici [argentini] peronisti [cioè del partito creato da Juan Domingo Perón, di stampo giustizialista e populista] risponde: «Ho ricevuto e ricevo tutti. Anche se a volte c'è chi cerca di ottenere benefici politici, non sempre con buone arti» (Ivi: 139). E sul come si fa vera politica, egli aggiunge «la politica è l'arte di presentare un progetto e convincere l'altro… L'azione politica è nobile, è una vocazione di costruzione della patria. Certo, se la si usa male e la si corrompe per la condotta, provoca la reazione…». (Ivi).

Il Pontefice, che nella sua elezione, il 13 marzo 2013, ha ricevuto l'abbraccio dell'amico e cardinale brasiliano Claudio Hummes insieme alla sua frase profetica "Non dimenticare i poveri", non si sottrae alle critiche di chi identifica la sua concezione di Chiesa con il populismo. Vi è in Argentina chi considera Bergoglio come un'esponente del peronismo. Il sociologo argentino Pablo Semán spiega che l'identificazione di

Bergoglio col peronismo, per esempio, da parte dei sostenitori del governo neoliberale e anti-peronista di Mauricio Macri (2015-2019) non era per nulla innocente. L'equivalenza che stabiliva il "peronismo" e "la difesa dei poveri" come "errori" di Papa Francesco si appoggiava a un senso comune emergente (come tanti consensi contrapposti della società argentina) tra i difensori delle virtù del libero mercato. Per questa corrente politica difendere i poveri, in una prospettiva di critica della società nel suo insieme, è "peronismo" (Semán 2018).

Populismo o Politica del popolo?

Sia nei principi politici di Papa Francesco sia in quelli filosofici e teologici (si pensi alla sua teologia) è sempre presente e decisiva la nozione di *popolo*. Seguendo il pensiero del filosofo argentino Rudolfo Kusch, Bergoglio riafferma la forza trasformatrice della politica nella ricchezza del popolo, nella sua cultura, nella sua religiosità, nella sua pietà. Kusch, pensatore di Jujuy, una regione al Nord dell'Argentina, mette il popolo al centro della sua attenzione come soggetto di sviluppo di una nazione. Per Papa Francesco, la sua filosofia elabora meglio l'idea della *politica del popolo* che va al di là da ogni partito. Pensiero che appare in sintonia con i seguenti principi teologici i cui postulati racchiudono la concezione dello Stato e della Chiesa di Papa Bergoglio:

1- La realtà è superiore all'idea

2- Il tutto è superiore alla parte

3- L'unità è superiore al conflitto

4- Il tempo è superiore allo spazio

In ambito economico il Pontefice è dell'idea che il faro per orientarsi in questo campo sia la Dottrina sociale della Chiesa, in base ad una "economia sociale di mercato" per contrastare quel tipo di finanza e ricchezza che è sempre meno partecipativa. In effetti, Papa Francesco ribadisce, nel suo decimo anno di pontificato: «quello su cui possiamo essere tutti d'accordo è che la concentrazione della ricchezza e la disuguaglianza sono aumentate. E che ci sono molte persone che muoiono di fame» (Ambrogetti, Rubín, 2023: 92).

Tra le sue dichiarazioni sulla "cattiva politica", Papa Francesco critica, per esempio, l'operato dei rappresentanti dei sindacati durante la crisi che flagella l'Argentina da anni: «le violazioni della dignità del lavoratore e dei suoi diritti non provengono solo da certi datori di lavoro, ma anche da quei sindacati viziati perché i loro dirigenti stanno lentamente alzando il proprio tenore di vita, dimenticando i loro rappresentati. Oppure perché creano funzioni che tolgono la libertà [ai lavoratori più svantaggiati] diventando così i secondi sfruttatori. Per non parlare direttamente del sindacalista corrotto, che è uno sfruttatore» (Ivi: 91). È evidente che tale posizione allontana Bergoglio dal settore sindacale tradizionale – nella fattispecie argentino – e lo avvicina ai *leader* dei movimenti popolari, riaffermando, ancora una volta, la sua *politica del popolo*.

A chi lo accusa di promuovere la povertà, il Pontefice risponde così: «Da nessuna parte nella Bibbia c'è il comandamento di produrre povertà. Sì, è beato il povero in spirito, colui che non è attaccato alla ricchezza. Ma non è affatto sbagliato produrre ricchezza per il bene di tutti» (Ivi: 93-94). E aggiunge ancora che produrre è un atto di giustizia. E affinché quella giustizia sia piena, deve essere distributiva. «Non condanno il capitalismo come alcuni affermano» (Ivi: 91) e chiarisce poi «non sono neanche contro il mercato, ma piuttosto favorevole a quella che Giovanni Paolo II ha definito un'economia sociale di mercato. Ciò implica la presenza di un'istituzione regolatrice, che è lo Stato, che deve mediare tra le parti. È un tavolo con tre gambe: Stato, capitale e lavoro» (Ivi: 91).

Tuttavia, il Papa insiste sul fatto che l'aiuto economico dello Stato ai disoccupati «deve essere temporaneo, per non intaccare la cultura del lavoro. Inoltre, ricordiamo che il lavoro contribuisce alla dignità delle persone, una cosa è vivere della carità e un'altra è guadagnarsi la vita con le proprie forze». E aggiunge «la classe media è in estinzione in molti Paesi, storicamente in Argentina questo gruppo sociale è costituito dai lavoratori che mirano ad una mobilità sociale, almeno per i propri figli» (Ivi: 93), progetto oggi interrotto dalla crisi economica e dalla guerra che tocca la vita di milioni di persone. Per Papa Francesco la ricchezza, insomma, «deve essere sempre partecipativa. Se si chiude su sé stessa, è dannosa, o almeno è sterile, non è feconda».[2]

---

2   LIBRI: ESCE "EL PASTOR", PAPA FRANCESCO PARLA CON I

Conclusioni

Con Papa Francesco appare, quindi, prioritario l'impegno politico di tutti i cittadini in un progetto che guarda al bene comune e alla dignità dei lavoratori e della persona. Per tale progetto il Pontefice sottolinea la necessità di avere "politici di razza". In effetti, si è rammaricato che a volte si stia perdendo l'essenza della politica a favore di strumentalizzazioni che fanno dimenticare il suo spirito di servizio.

La sua visione è quella di una *politica del popolo*, che non va confusa col populismo. Per il Pontefice, tutti devono fare politica e assumere uno stile di vita proiettato per la *polis*, la città. Anche il Vangelo ha una dimensione politica, che è quella di trasformare la mentalità sociale e religiosa delle persone. Bergoglio pensa che la Chiesa dovrebbe assumere questa posizione politica evitando, però, di cadere in una "politica di partiti".

Riguardo alla situazione economica e politica nell'Argentina e alla possibilità di un suo viaggio apostolico nella terra "del fin del mundo" risponde con chiarezza: «La salvezza del Paese non accadrà col mio viaggio… quindi guarda cosa devi fare perché il Paese vada avanti…»[3]. Con questa affermazione, Papa Francesco si rivolge ai rappresentanti del Governo oppure anche al popolo nel suo insieme?

A quest'ultimi chiama, senz'altro, all'impegno politico in una prospettiva di bene collettivo, per la polis.

Bibliografia

Adeney M. (2009), *Kingdom without Borders. The Untold Story of Global Christianity*, InterVersity Press, Westmont.

Allen J.L. Jr. (2009), *The Future Church*, Random House, New York.

Borghesi M. (2017), *Jorge Mario Bergoglio: una biografia intellettuale: dialettica e mistica*, Jaca Book, Milano.

Capelli B. Il Papa: tutti dobbiamo fare politica per il bene comune - Vatican News, 26 febbraio 2023.

Engelke M., Robbins J. (2010), *Global Christianity. Global Critique*, «South Atlantic Quarterly», 109, 4, pp. 623-832.

Introvigne M. (2017), *La apuesta más difícil y arriesgada de Francisco: convertirse en el Papa de las dos Américas*, in Roldán V., Frigerio A. (eds), (2017), *Francisco. El impacto de su pontificado en América Latina*, Biblos, Buenos Aires, pp. 177-193.

GIORNALISTI RUBIN E AMBROGETTI - Vativision, 27 febbraio 2023.

3   Intervista di Gustavo Sylvestre, C5N Televisione, 30 marzo 2023.

Introvigne M. (2013), *Il segreto*

Ivereigh A. (2014), *The great reformer. Francis and the Making of a radical Pope*, Henry Holt and Company, New York.

Ivereigh A. (2016), *Entrevista central*, «En Perspectiva», 7 novembre 2016, https://www.enperspectiva.net/enperspectiva-net/entrevista-central-lunes-7-de-noviembre-austen-ivereigh/2/

Jenkins P. (2014), *La Terza Chiesa*, Fazi, Roma.

Pace E., Garelli F. (2016), *Presentazione*, «Rassegna Italiana di Sociologia», LVII, 4, pp.603-614.

Picciaredda S. (2013), *Le sfide della terza chiesa*, «Limes», 3, pp.55-68.

Roldán V. (2020), *Jorge Mario Bergoglio e il suo rapporto con la politica argentina*, in Simeoni M. (a cura di), *La modernità di Papa Francesco*, Dehoniane, Bologna, pp. 147-173.

Roldán V. (2018) (a cura di), *Papa Francesco e il cattolicesimo sud globale. L'impatto del suo pontificato in Italia*, FrancoAngeli, Milano.

Roldán V., Frigerio A. (eds), (2017), *Francisco. El impacto de su pontificado en América Latina*, Biblos, Buenos Aires.

Roldán V. (2014), *L'Argentina cattolica del 2000. Prima e dopo Papa Francesco*, in «Visioni Latinoamericane», vol. 10, pp. 40-56.

Rubín S., *Francisco, su relación con el peronismo y su viaje a la Argentina*, https://valoresreligiosos.com.ar/Columnas/francisco-su-relacion-con-el-peronismo-y-su-viaje-a-la-argentina-17?fbclid=IwAR02MQ7cMzy8yQ-_nGUk7btfGpjJjZukRGHt8j3NggX6Y6UjWjXa-QpCUqpU

Rubín S., Ambrogetti, (2023), El *Pastor*, Penguin Random House Grupo Editorial Argentina. Edizione del Kindle.

Rubín S., Ambrogetti, (2010), El *Jesuita. Conversaciones con el cardenal Jorge Bergoglio*, Ediciones B, Buenos Aires

Semán P. (2018), *Francisco y la grieta. Menos papistas que el papa*, «Revista Anbifia», Buenos Aires, http://www.revistaanfibia.com/ensayo/menos-papistas-papa/

RELIGIONI, SOSTENIBILITÀ E CURA DEL CREATO: ORTODOSSIA E CATTOLICESIMO A CONFRONTO NELL'ERA DELL'ANTROPOCENE

di Lucio Meglio

Introduzione

L'attuale scenario globale, caratterizzato dalla sanguinosa guerra in Ucraina, ha riportato l'attenzione sui distinguo che da secoli caratterizzano il non facile dialogo tra universo ortodosso e modo cattolico. Eppure negli ultimi anni la ricerca di un confronto per il superamento delle secolari differenze dogmatiche e culturali ha visto nella sfida ambientale un terreno fertile dove poter convogliare gli sforzi ecumenici per un messaggio comune da affidare al mondo. La sofferenza della Madre Terra sembra così essere un problema sul quale i due polmoni della cristianità hanno manifestato una sinergia ed una grande volontà di collaborazione.

Nel presente contributo si propone una lettura di sociologia storica[1] della riflessione e dell'esperienza vissuta tra due Chiese diverse sul tema della cura del creato. Si ripercorreranno gli eventi sinodali che la chiesa ortodossa ha prodotto sul tema, dalla conferenza pan-ortodossa del 1986 a Chambesy, alla posizione del patriarca "verde" Bartolomeo espressa, tra l'altro, nel Santo Concilio della chiesa ortodossa tenutosi a Creta nel 2016. Una chiave di lettura, quella ortodossa, che sarà utilizzata per leggere, in chiave comparativa, lo stile di vita umana proposta dall'enciclica *Laudato sì* di papa Francesco, un testo all'interno del quale il pontefice ha mostrato un interessamento particolare per la creazione di Dio, aderendo tra l'altro alla costruzione di una nuova ecologia basata sul concetto ortodosso di μετάροια (*metanoia*), cioè sul totale capovolgimento che si deve operare in chi aderisce al messaggio salvifico di Cristo, insistendo sull'idea che anche i cattolici devono essere in prima fila nella denuncia delle violenze contro il creato, che determinano nuove povertà, acuendo quelle già esistenti, e nella formulazione di proposte, concrete, per una società più

---

[1] Abrams P. (1982), *Sociologia storica*, Il Mulino, Bologna.

equa nella distribuzione dei beni e più rispettosa del mondo nella definizione dei programmi economici.

Nel dialogo comune sulle tematiche ambientali, culminato con la redazione di vari documenti congiunti, le due religioni, ortodossa e cattolica, hanno dimostrato di poter contribuire a dare credibilità al Cristianesimo, in un mondo segnato dalla follia dell'autodistruzione, offrendo una risposta concertata e collettiva alla sfida della crisi ecologica e delle conseguenti disuguaglianze sociali da essa scaturite, riconoscendo e condividendo la loro comune responsabilità e indicando forse, una risposta concertata e collettiva sulla quale si cercherà di offrire una lettura critica.

1. La Cura del creato negli insegnamenti della Chiesa ortodossa

Fino a qualche anno fa era comune porsi la domanda: cosa c'entra la Chiesa con il problema ecologico? Si riteneva infatti che la tematica ambientale fosse prerogativa esclusiva del mondo scientifico ed in subordine di quello politico. In tempi recenti il rapporto tra Cristianesimo ed ambiente è stato perlopiù considerato alla stregua di una moda dei tempi, figlio della pubblicazione dell'Enciclica di papa Francesco *Laudato sì*. Scavando nel profondo ci accorgiamo però che la realtà è ben diversa. Se in passato, in ambito cattolico, la riflessione ecologica è stata piuttosto scarsa, così come per il mondo protestante[2], è stato l'universo ortodosso a contribuire in maniera determinante alla crescita della riflessione sul tema della cura del creato.

Fin dai primi capitoli dell'Enciclica *Laudato sì* è lo stesso papa Francesco ad affermare di essere debitore alla Chiesa ortodossa, in particolare al patriarca Bartolomeo, per aver portato all'attenzione dei cristiani un tema così intrinseco alla teologia cristiana.

Le prime iniziative del Patriarcato ecumenico a favore dell'ambiente risalgono alla metà degli anni Ottanta del secolo scorso in occasione del Sinodo panortodosso che si svolse a Chambésy (Svizzera) nel novembre

---

2   Nel mondo protestante si deve all'opera del teologo evangelico Jürgen Moltmann l'aver proposto, in maniera compiuta, una riflessione sul tema ecologico. Cfr.: Moltmann J. (2022), *Verso la grande transizione ecologica*, Vita e Pensiero, 5, pp.1-11; Moltmann J., Stefani P., Trianni P. (2017), *La terra come casa comune. Crisi ecologica ed etica ambientale*, Ed. Dehoniane, Milano.

del 1986[3]. I delegati intervenuti espressero la loro preoccupazione per gli abusi perpetuati sulla natura, soprattutto da parte delle opulente società Occidentali, ponendo particolare rilievo ai danni prodotti nei confronti dell'ambiente da parte delle guerre, dai fenomeni di razzismo, e dalle molteplici disuguaglianze presenti nelle società avanzate. A questo evento sono seguiti numerosi incontri inter-ortodossi su svariati temi quali: giustizia sociale, pace ed integrità del creato. Ne ricordo i principali: 1987 a Sofia (Bulgaria), nel 1989 a Minsk (Bielorussia) e nel 1990 a Ormylia (Grecia)[4].

Nel 1988 a Patmos (Grecia), nello storico monastero di S. Giovanni il teologo, si svolse il primo congresso interreligioso dal tema: *Religione, mondo materiale e ambiente naturale*, un evento con il quale il Patriarcato ecumenico pone ufficialmente il problema ecologico al centro delle proprie iniziative pastorali. L'interesse verso il problema ecologico da parte di Demetrio di Costantinopoli ebbe origine nel 1987 quando, durante la visita ufficiale alla chiesa russa, il Patriarca con il suo più stretto collaboratore, il metropolita Bartolomeo di Filadelfia, l'attuale Patriarca ecumenico, visitò il sud della Russia rimanendo colpito dall'erosione delle coste del lago d'Aral e del mar Caspio, sulle cui rive era sorto un paesaggio desertico con numerosi relitti di navi mercantili[5]. Questo spettacolo, unito al disordine mondiale del tempo, spinse il Patriarcato ecumenico a promuovere una riflessione sul tema della *métanoia* ossia conversione, pentimento, un cambiamento di mentalità per mezzo del quale i cristiani devono poter rimediare ai danni provocati nei confronti dell'ambiente[6]. Non si tratta di concentrarsi esclusivamente sugli aspetti dottrinari e teorici dell'insegnamento della chiesa, per quanto importante, ma di rivedere

---

3   La "III[a] Conferenza Panortodossa Preconciliare" fu convocata dal patriarca ecumenico Demetrio e si svolse nel Centro Ortodosso del Patriarcato Ecumenico di Chambésy dal 28 ottobre al 6 novembre 1986. Al Sinodo parteciparono delegazioni di tutte le chiese ortodosse locali. Furono trattate sei questioni tra le quali, nella terza sessione, fu discusso il problema della cura del creato. Cfr.: *Décisions de la IIIème Conférence panorthodoxe préconciliaire*, in: "Episkepsis", 369 (1986), pp. 2-28.

4   Yfantidis E. (2017), *Chiesa Ortodossa e comunità internazionale. Il contributo del Patriarcato Ecumenico alle relazioni interreligiose (1971-2005)*, Asterios, Trieste.

5   Athenagoras Fasiolo, *Meraviglia e problemi sociali nella cura del creato*, relazione letta in occasione del Convegno interreligioso che si è tenuto presso l'Università di Cassino e del Lazio Meridionale il 23 aprile 2021.

6   Patriarcato Ecumenico di Costantinopoli (2018), *Logos sinodale. La missione della Chiesa ortodossa nel mondo contemporaneo*, Asterios, Noventa Padovana.

il suo insegnamento pastorale ponendo attenzione sul fatto che la custodia dell'ambiente è un dovere religioso fondamentale che Dio stesso pone all'umanità. Da qui l'istituzione, nel 1989, del 1° settembre (giorno dell'inizio dell'anno ecclesiastico secondo il calendario liturgico ortodosso) come giorno di preghiera per la salvaguardia del creato. Nel 1992, in occasione dell'incontro dei primati delle chiese ortodosse a Costantinopoli (Istanbul), tutte la chiese ortodosse hanno abbracciato la scelta del 1° settembre come giorno del creato, iniziativa a cui si assoceranno anche le altre chiese cristiane (la chiesa Cattolica dal 2015).

Ma quali sono, in concreto, le iniziative che il Patriarcato ecumenico ha promosso sul tema ambientale? Gli anni Novanta del secolo scorso ed i primi del Duemila, sono stati dedicati al tema dell'acqua, in collegamento simbolico con l'acqua battesimale. Da qui l'organizzazione di vari convegni internazionali, tra il 1995 e il 2009, che hanno dibattuto sulle principali problematiche ambientali riguardanti il Mar Egeo, il Mar Nero, il Danubio, l'Adriatico, il Baltico, il Rio delle Amazzoni, l'Artico, il Nilo ed il Missouri. A questi incontri sono seguiti nel 2012, 2015 e 2019 i simposi di Halki, presso la Facoltà teologica del patriarcato di Istanbul, che hanno visto la partecipazione di numerosi e qualificati relatori provenienti da tutto il mondo.

La sensibilizzazione ambientale ha coinvolto ben presto anche il tema della giustizia sociale, intesa come elemento fondante sul quale costruire strumenti utili per la protezione dell'ambiente. Il capitalismo attuale, spinto alle estreme conseguenze, persegue instancabilmente la massimizzazione del profitto con l'illusione che la natura possa rinnovarsi da sé, relegando la protezione della casa comune offertaci da Dio ad una mera ideologizzazione dei movimenti ecologici. Ma rispettare l'ambiente, ammonisce la teologia ortodossa, significa rispettare l'essere umano nella sua interezza e non renderlo schiavo dei sistemi alienanti di chiara indole fondamentalista. In ciò il Patriarca Bartolomeo non critica l'antropocentrismo, ma critica quello che lui chiama l'antropomonismo figlio della modernità[7].

Il Santo Concilio della Chiesa ortodossa celebrato a Creta nel 2016 a tal proposito ha affermato: «*che la creazione sia ferma e l'uomo incoraggiato ad agire come economo, custode e sacerdote della creazione portandola davanti al creatore in modo glorificante*». L'atto del custodire manifesta così

---

7   Bartholomeos I (2015), *Nostra madre terra*, Edizioni Qiqajon, Comunità di Bose.

una peculiare attenzione al soggetto primo del custodire; non si tratta di prendersene soltanto cura o di porre una particolare attenzione o ancora di vegliarne l'esistenza, ma di partecipare pienamente al suo essere tale. Tuttavia come sottolinea Bartolomeo, nella nostra epoca l'ambiente naturale è minacciato come non mai nella storia dell'umanità, l'entità della minaccia viene rivelata dal fatto che la posta in gioco non è più la qualità della vita, ma la sua conservazione sul nostro pianeta. Per la prima volta nella storia l'uomo può distruggere le condizioni di vita sulla terra. Le armi nucleari sono l'esempio del titanismo prometeico dell'uomo, manifestazione tangibile del complesso di onnipotenza dell'attuale uomo-dio. E ancora: il fatto che nel corso della pandemia da Covid-19 con le limitazioni imposte dagli spostamenti, la chiusura delle fabbriche, la riduzione dell'attività bio-meccanica e della produzione industriale, si è osservata una riduzione degli inquinamenti e del peggioramento dell'atmosfera, ha dimostrato il carattere antropogeno dell'attuale crisi ecologica.

Lo sviluppo economico non può dunque restare un incubo per l'ecologia. L'esperienza che il mondo ha vissuto con la crisi pandemica, necessita di una attenta valutazione del come il creato abbia reagito al lockdown mondiale. Sempre Bartolomeo afferma in occasione della giornata della custodia del creato del 2021: «*natura, animali e vegetali, sono in un gioioso riposo, solo l'uomo è scosso e turbato, pertanto è un obbligo, innanzitutto per i cristiani provvedere alla cura della terra pensando nuove strategie e nuovi percorsi sulla base dei principi della antropologia e cosmologia cristiana*». Il creato non è fine a sé stesso, non è stato creato per essere solo ammirato o per usufruire di esso ma è, secondo l'insegnamento dei padri ortodossi, un atto eucaristico offerto da Dio come suo precetto. La correlazione tra la divina eucarestia ed il creato si intrinseca nella correlazione esistente tra la stessa vita trinitaria ed il dono del creato. Ossia per gli ortodossi esiste una relazione di tipo trinitario tra il Padre, colui che offre il dono del creato, il Figlio colui che è il dono della creazione, e il soffio dello Spirito Santo che scende su coloro che ricevono il dono della creazione. Se nella storia della Chiesa alcuni hanno cercato di scardinare la unità e la molteplicità del mistero trinitario, provocandone un disordine chiamato eresia[8], allora

---

8   Il riferimento qui è al termine *filioque*, espressione aggiunta dalla Chiesa latina al Credo niceno-costantinopolitano, recitato nella Messa, per meglio spiegare la processione dello Spirito Santo (*qui ex Patre Filioque procedit*); fu una delle principali cause del dissenso e della separazione tra la Chiesa greca e quella latina e anche uno dei punti più controversi al

la stessa correlazione che esiste tra donatore, dono e colui che riceve il dono, se interrotta o usurpata provoca gli effetti che caratterizzano l'attuale disordine del mondo e che si può definire come una eresia del creato.

La relazione dell'umanità con l'ecologia non è più qualcosa che provoca semplicemente un disordine, ma secondo la teologia orientale è un peccato dell'uomo verso Dio. Se non si comprende il peccato spirituale verso l'ambiente naturale come credenti, non vi è possibilità di una vera conversione che conduca alla vera relazione con Dio, con l'uomo, con ogni essere animato ed inanimato della creazione di Dio. Non si tratta di panteismo universale, ma di una corretta relazione dell'uomo con il creato ed il suo Creatore.

Cosa significa dunque per i cristiani ortodossi vivere la dimensione liturgica rispetto al problema della custodia del creato? Il rapporto spirituale del cristiano ortodosso con il creato si esplica in tutta una serie di elementi cultuali dove i prodotti della natura si legano con l'aspetto liturgico. Ne sono esempio: la benedizione dei latticini prima dell'inizio della Quaresima; la benedizione delle palme nel ricordo dell'entrata di Gesù a Gerusalemme; la vestizione di fiori della Croce durante la Settimana Santa; quando si festeggia la Resurrezione con foglie di alloro; quando si benedicono le uova, il formaggio e la carne a Pasqua; quando si benedice la frutta e l'uva nel giorno della Trasfigurazione; quando si benedicono le focacce in memoria di alcuni santi, ma anche quando si benedice la campagna e gli animali non come memoria di un antico ambiente rurale, ma come rinnovamento di tutto il creato. Dal 1989, anno della prima enciclica sulla cura del creato, la chiesa ortodossa ha diffuso una nuova preghiera, scritta da alcuni monaci del Monte Athos, all'interno della quale non si chiede più a Dio di salvare l'umanità dai cataclismi o altre minacce, ma si prega per salvare l'ambiente dalla cattiveria dell'uomo. È un ribaltamento completo dell'esperienza liturgica ortodossa.

Infine quali sono gli aspetti pratici per la salvaguardia del creato? Cosa possono fare le comunità cristiane per la salvaguardia del creato? Numerose diocesi e parrocchie orientali hanno promosso iniziative ecologiche assieme a programmi di educazione ambientale quali l'utilizzo di materiale bio-degradabile durante i momenti conviviali che seguono la liturgia, o l'utilizzo di materiale eco-sostenibile nella costruzione di chiese e monasteri. Di particolare importanza è infine l'inserimento nei programmi delle scuole teologiche ortodosse degli insegnamenti riferiti alla cultura ecologica. Afferma Bartolomeo: «*i valori amichevoli verso la casa della tradizione ortodossa, l'eredità culturale dei*

Concilio di Firenze (1439).

padri, costituiscono un argine contro la cultura il cui fondamento valutativo è il predominio dell'uomo sulla natura».

2. La prospettiva cattolica

La chiesa Cattolica ha iniziato ad occuparsi direttamente di ecologia in tempi recenti con l'Enciclica *Laudato sì*[9] di papa Francesco. L'Enciclica si pone come punto di riferimento essenziale per i cattolici, anzitutto per una compiuta riflessione teologico-sociale, poi per una presa di coscienza più articolata del tema ecologico anche a livello pastorale[10].

A chi scrive il papa? Di quali temi parla e con quale metodo? Cerchiamo brevemente di fare luce su questi punti, per introdurre lo stile di vita proposto nell'Enciclica. Francesco, al numero tre della *Laudato sì*, specifica che con questa lettera si rivolge *a ogni persona che abita questo pianeta*, perché i temi che tratta sono d'interesse comune affermando di *entrare in dialogo con tutti riguardo alla nostra casa comune*. I temi sviluppati dal papa sono indicati al capitolo sedici e sono: l'intima relazione tra i poveri e la fragilità del pianeta; la convinzione che tutto nel mondo è intimamente connesso; la critica al nuovo paradigma e alle forme di potere che derivano dalla tecnologia; l'invito a cercare altri modi di intendere l'economia e il progresso; il valore proprio di ogni creatura; il senso umano dell'ecologia; la necessità di dibattiti sinceri e onesti; la grave responsabilità della politica internazionale e locale; la cultura dello scarto e la proposta di un nuovo stile di vita. Questi temi non vengono mai chiusi o abbandonati, ma anzi costantemente ripresi e arricchiti.

Secondo Antonio Spadaro, per arrivare al nocciolo di questi temi si deve riprendere la domanda essenziale dell'enciclica: "*che tipo di mondo*

---

9 *Laudato sì. Litterae Encyclicae De communi domo colenda*, Acta Apostolicae Sedis, 107(2015), pp. 847-945, traduzione italiana: *Laudato sì. Enciclica sulla cura della casa comune*, guida alla lettura di C. Petrini, indici a cura di G. Vigini, Edizioni San Paolo, Milano.

10 Ampia è la letteratura critica sui contenuti dell'Enciclica. In questa sede ricordiamo: Isaac Kureethadam J. (2016), *I dieci comandamenti verdi dalla Laudato sì*, Elledici, Torino; *Omaggio della Pontificia Università Antonianum all'enciclica Laudato sì*, Antonianum, 91(2016) pp. 749-1096; Chica F., García Gómez A. (a cura di) (2015), *Laudato sì. L'appello di papa Francesco, sviluppo agricolo e lotta alla fame*, Edizioni Scientifiche Italiane, Roma; Sartorio U. (2015), *Tutto è connesso. Percorsi e temi di ecologia integrale nella Laudato sì*, Ed. EMI, Bologna.

desideriamo trasmettere a coloro che verranno dopo di noi, ai bambini che stanno crescendo?", una domanda fondamentale che, tramite la dinamica dell'eredità, questiona sull'atteggiamento personale e collettivo verso il creato e verso l'uomo e, nondimeno, interroga lo stile di vita delle generazioni contemporanee[11].

Quale metodo ha impiegato papa Francesco per redigere la *Laudato sì*? Si può ritenere, come dimostra l'analisi dell'Enciclica, che il contenuto si adegua al metodo del *vedere, giudicare e agire*. Infatti secondo un'opinione generale, i sei capitoli del testo, si coordinano d'accordo al metodo a lungo impiegato nei lavori della Conferenza Episcopale Latinoamericana: vedere: (vedere socio culturale, scientifico; vedere della fede); giudicare (radici della crisi ecologica); agire (ecologia integrale e principi generali; proposte di prassi politico-religiosa; educazione a un nuovo stile di vita).

Concentriamo l'attenzione su quest'ultimo aspetto: il nuovo stile di vita, richiamato principalmente nei capitoli terzo e sesto. *L'umanità è entrata in una nuova era in cui la potenza della tecnologia ci pone di fronte ad un bivio*". Nessuno può negare il progresso tecnologico che, con un ritmo mantenuto e sorprendente, ha rivoluzionato la vita della popolazione umana. La Chiesa ne prende atto con gioia: *la scienza e la tecnologia sono un prodotto meraviglioso della creatività umana che è un dono di Dio.* Tale progresso però, non può essere regola a sé stesso; nel mondo attuale ci si ritrova, infatti, a fare i conti con interessi egoistici e unilaterali che non tengono conto fino in fondo del bene comune. Si costata che negli ultimi due secoli il corso del progresso tecnico scientifico, le nuove scoperte, le possibilità aperte, si sono evolute a tal grado che hanno concesso all'uomo una autonomia impressionante, difficile da gestire nel rispetto delle persone e del bene comune. Si cade così nei pericoli di un *antropocentrismo deviato*.

Francesco ricorda che *la Bibbia non dà adito ad un antropocentrismo dispotico che non si interessi delle altre creature*, quindi per quanto risulti centrale il posto dell'uomo nella creazione, non gli spetta un potere smisurato sul creato. Nel testo biblico all'essere umano viene affidato un compito che si riassume in quattro termini o meglio missioni che Dio assegna all'uomo: crescete e moltiplicatevi, inteso non come semplice senso riproduttivo bensì come continuità nella storia ossia la connessione tra le

---

11 Spadaro A. (2015), *Laudato sì. Guida alla lettura dell'enciclica di Papa Francesco*, Civiltà Cattolica, n. 3961, p. 3.

generazioni; secondo termine: *dominare*, dove nel significato ebraico del termine si intende non il dominio dell'essere umano sul creato, ma come per il lavoro di un pastore si fa riferimento al coordinamento e la guida del gregge, da qui l'interpretazione parziale ed errata che di questo termine ne è stato dato anche da parte della cristianità; terzo termine *coltivare* ed il quarto *custodire*, dove il primo crea relazione con la terra e il secondo completa il quadro di azione che l'essere umano deve compiere nei confronti di tutti gli esseri viventi (animali, alberi etc.).

La funzione del custode è dunque quella di proteggere e non di sfruttare. La *Laudato sì* mette un punto fermo sulle interpretazioni errate che nel corso dei secoli sono state date a questi termini. L'essere umano non è un essere superiore che può fare quello che vuole di fronte al creato perché gli altri esseri sono inferiori.

Ovviamente risulta particolarmente impegnativo che il Papa segnali la radice del male nell'agire umano, perché questo va contro una delle conquiste del nostro tempo, la libertà. Perciò da una parte sembra opportuno confermare che, senza nulla togliere al diritto personale e collettivo, l'esercizio della libertà richiede un forte senso di responsabilità; ossia urge prendere atto di quanto sta accadendo nella casa comune per rivedere l'indirizzo degli atti umani. Dall'altra parte, non si dice di scartare *in toto* la tecnologia umana, che è una caratteristica specifica dell'umano, quanto di cogliere e favorire quel salto verso una certa pienezza propriamente umana[12].

Questo stato di cose quindi indica che è necessario un processo di educazione alla responsabilità perché molti dei problemi attuali derivano dal fatto essere completamente assorti dalla ricerca di raggiungere i risultati positivi prodotti dalla tecnoscienza. Qui si entra nel capitolo sesto dell'Enciclica dove si presentano i rimedi per raggiungere uno stile di vita differente come condizione necessaria per migliorare l'ambiente in cui viviamo.

Cambiare o fare proprio il monito che è doveroso modificare le abitudini dannose che si sono seguite fino ad oggi, a favore di altre che giovino al miglioramento generale. In altre parole questo significa investire in programmi di educazione perché *la coscienza della gravità della crisi culturale ed ecologica deve tradursi in nuove abitudini*. È questa la nuova educazione ambientale, un'educazione che deve tradursi in impegno comune

---

12 Spreafico A. (2019), *Il capolavoro imperfetto*, Edizioni Dehoniane, Milano.

e personale, che va continuamente motivato perché possa, a tutti i livelli, guidare le persone ad un uso equilibrato delle cose. L'educazione alla responsabilità ambientale può favorire così la possibilità del superamento delle difficoltà presenti alla corretta cura della casa comune. Le piccole azioni di ogni giorno possono restituire *il senso della nostra dignità, conducendo ad una maggiore profondità esistenziale, ci permette di sperimentare che vale la pena passare da questo mondo*. Gli ambiti o livelli educativi sono vari Francesco cita: *la scuola, la famiglia, i mezzi di comunicazione, la catechesi, ed altri*. Questo elenco di possibilità che coinvolgono i processi educativi dimostra quanto importante sia la singola valorizzazione di ognuno loro.

Il messaggio della *Laudato sì* dunque deve tradursi necessariamente in uno stile di vita basato nel modo di pensare, di sentire e di vivere. Francesco parla di *conversione ecologica* per indicare il cambiamento che richiede il miglioramento del vivere la casa comune. La conversione deve coinvolgere livello personale e comunitario, deve essere duratura, e imporre una responsabilità che, per il credente, scaturisca dalla fede[13].

Per concludere, il messaggio dell'Enciclica di Papa Francesco, sulla scia del percorso intrapreso dalle chiese ortodosse, è per molti una possibilità per riflettere sulla propria vita e sul ruolo che ognuno di noi ha sulla cura della casa comune. Le religioni propongono un messaggio impegnativo che, osservando la realtà del nostro mondo, non si può leggere ed archiviare. L'essere umano non è al di fuori del creato, ma è una parte del creato. Ma quanto è difficile vivere questa connessione. Io non sono l'unico abitante della terra: ci sono io, ma c'è anche il noi, l'altro, i molti diversi da me, perché ogni individuo porta con sé una diversità che non è omologabile a nessuno. Ma è nella diversità, anche e soprattutto dei credi religiosi, che sorge la dignità dell'essere umano. Come afferma Jonathan Sacks: *Dio crea tutte le persone secondo la stessa immagine, la sua immagine, e tutte sono differenti. La sfida per le religioni è vedere l'immagine di Dio in chi non rispecchia la nostra immagine, è il contrario del tribalismo, ma è anche qualcosa di diverso dall'universalismo*[14].

Il problema ambientale è un modo di concepire il mondo. Serve un nuovo umanesimo.

---

13   Per ben tredici volte Papa Francesco parla dello *stile di vita* nella Laudato sì. Cfr.: numeri 16, 108, 111, 122, 161, 202, 204, 208, 211, 222, 225 (due volte) e 228.

14   Sacks J. (2004), *La dignità della differenza. Come evitare lo scontro delle civiltà*, Feltrinelli, Milano, p. 45.

LE CRISI AMBIENTALI TRA DISINCANTO E NUOVE NARRAZIONI

di Gaspare Polizzi

Il titolo del mio contributo propone un tema ampio, che introduce nella questione delle crisi ambientali un contenuto nuovo, quello della narrazione. Oltre all'aspetto teorico e a quello pratico (morale), mi sembra oggi necessario ampliare lo sguardo, comprendendo anche la dimensione della narrazione (estetica).

Scriveva nel 1887 Friedrich Nietzsche: «Poiché l'uomo è più malato, più insicuro, più mutevole, più indeterminato di qualsiasi altro animale non v'è dubbio – è l'animale malato: come mai è così? Certo, più di tutti gli altri animali presi insieme, egli ha anche tentato, innovato, affrontato, sfidato il destino: questo grande sperimentatore di se stesso, questo inappagato, questo insaziato, che per l'ultima supremazia contende con animali, natura e deità, questo pur sempre indomabile, eternamente di là da venire, che per l'empito della sua stessa forza non trova più requie, sì che il suo futuro, come uno sprone, spietatamente gli va frugando nella carne d'ogni presente – come non dovrebbe essere, un tale ardito e ricco animale, anche il più esposto al pericolo, il più lungamente e profondamente malato tra tutti gli animali malati?».[1]

La crisi che già Nietzsche intravedeva nel carattere stesso dell'uomo, come «animale malato», ha incrinato il rapporto tra uomini e mondo e sta avendo effetti sensibili non solo sul nostro pianeta, ma sullo stesso auto-riconoscimento degli uomini, che rischiano di smarrire la propria identità, il senso delle proprie relazioni.

Siamo uomini del disincanto, ai quali la scienza ha sottratto fedi e credenze prospettando il dramma di una possibile auto-distruzione. Dinanzi alle attuali crisi ambientali è necessario un re-incantamento nel nostro rapporto con il mondo, tale che restituisca alla scienza il suo posto nella

---

1 Friedrich Nietzsche, *Genealogia della morale* (1887), trad. di Ferruccio Masini, Milano, Adelphi, 1968, III dissertazione. Che significano gli ideali ascetici?, 13, p. 325.

condizione umana. Narrazione e sapere devono tornare a integrarsi per superare quella «schisi innaturale, non necessaria, nociva» (P. Levi)[2] tra pensiero scientifico e altre produzioni della creatività umana, poiché se «ogni racconto riscopre una struttura logica. Ogni pensiero è all'inizio un racconto» (I. Calvino).[3]

Aere, aqua, focu e *terra*: una grave crisi ambientale

Abbiamo confuso l'habitat con l'ambiente. «Habitat» dal latino *habitare*, che a sua volta deriva da *habere*, rende il senso della durata dell'azione nel tempo, come anche il greco οἶκος («casa», «famiglia», «luogo nativo»), da cui ecologia. Abbiamo esteso i nostri habitat al di là della nostra «aria ambiente», «l'aria che circola intorno alle cose e agli uomini» – come scrive Galileo Galilei nel *Saggiatore*, che quest'anno compie 400 anni – lo spazio che circonda una persona e in cui questa si muove o vive, in modo dinamico e interattivo. *Homo sapiens* è l'animale che meglio si è adattato ai più diversi climi e territori della Terra. L'economia ha costruito un *oikos* globale, configurando la tecnica come ambiente. La nostra specie occupa l'83% del pianeta. Ecco perché ritengo preferibile parlare di "grave crisi ambientale", piuttosto che di "cambiamento climatico".

E gli effetti sono ben noti… Nel mondo, i due anni più caldi sono stati il 2022 e il 2023. La temperatura media globale del decennio 2013-22 è stata di 1,14 °C sopra il livello mantenuto nel 1850-1900 (da 1,02 a 1,27 °C). Nel decennio 2011-20 la media era stata di 1,09 °C. Anche per l'Italia l'anno più caldo di sempre è stato il 2023. Nel contesto climatico globale vi sono tre tipologie di «elementi di ribaltamento» (*tipping elements*), ovvero punti di una svolta irreversibile: i corpi di ghiaccio, le circolazioni dell'oceano e dell'atmosfera e gli ecosistemi su larga scala. L'intero sistema del clima né è coinvolto e sconvolto nei suoi quattro elementi mitici e simbolici. Nel *Cantico delle Creature*, il testo poetico più antico della nostra letteratura, *aere, aqua, focu* e *terra* sono lodate in versi esemplari. Se oggi si pensa ai quattro elementi originari al seguito delle più recenti notizie giornalistiche, l'aria viene associata ai violenti uragani che colpi-

---

2   Primo Levi, *L'altrui mestiere*, Torino, Einaudi, 1985 pp. V-VI.
3   Italo Calvino, «Le Monde des livres», «Le Monde», 25 aprile 1970, citato in Giuseppe Bonura, *Invito alla lettura di Italo Calvino*, Milano, Mursia, 1972 p. 42.

scono soprattutto le coste americane, ma ora anche l'Europa, l'acqua ai forti temporali e a quelle che vengono ora chiamate "bombe d'acqua" per il loro effetto devastante, la terra alla deforestazione e alla desertificazione, il fuoco agli incendi diffusi. Si tratta di fenomeni violenti e pericolosi per gli uomini, che possono avere tra le concause l'azione umana.

Nell'era dell'Antropocene e dell'Urbanocene gli umani stanno combattendo una guerra contro il mondo. Nel *Duello rusticano* di Francisco Goya (1823, Museo del Prado, Madrid) i due duellanti si contrastano, con i piedi affondati nella palude, mentre vengono progressivamente risucchiati dalle sabbie mobili. L'umanità sembra essersi dimenticata di essere ospite di un pianeta che possiede risorse limitate e deperibili e ha ingaggiato una guerra, finora vinta, contro il mondo, ma che – oggi si comincia a capirlo – può perdere.[4]

Per quest'anno l'Italia ha già esaurito le risorse naturali a disposizione e per il resto del 2023 va in debito con la Terra. Il *Global footprint network*, che calcola l'impronta ecologica di ciascun Paese e quella globale – che nel 2022 è caduta il 28 luglio e nel 2023 il 2 agosto – indica che l'*Earth overshoot day* (il «giorno del debito ecologico») per il nostro Paese sia stato il 15 maggio. Secondo il *Global Footprint Network* l'Italia avrebbe bisogno di almeno 5 Italie e nel mondo avremmo bisogno delle risorse di 2,7 Terre per arrivare alla fine dell'anno.

Secondo la rivista *Bulletin of the Atomic Scientists* dell'Università di Chicago il *Doomsday Clock* – il famigerato orologio dell'apocalisse – resta a meno di due minuti dalla mezzanotte, ora simbolica dell'ipotetica fine del mondo: gli esperti hanno svelato il loro aggiornamento per il 2023 nel corso della conferenza annuale "Doomsday Clock" (24 gennaio 2023), segnalando che l'orologio è stato impostato a soli 90 secondi dalla mezzanotte.

Un re-incantamento del mondo

Dinanzi a questa grave crisi ambientale è necessario lanciare un nuovo sguardo al senso delle cose. E per far ciò sono necessarie nuove narrazioni. Jerome Bruner sosteneva che: «La finzione letteraria – amiamo dire – non si riferisce ad alcunché nel mondo, ma fornisce soltanto il senso delle cose.

---

4   Cfr. Michel Serres, *La guerre mondiale*, Paris, Le Pommier, 2008.

Eppure, è proprio il senso delle cose, spesso derivato dalla narrazione, che rende in seguito possibile la referenza alla vita reale».[5]

Queste nuove narrazioni hanno già una storia e un nome "environmental literature", letteratura ambientale. Ha iniziato Rachel Carson con *Silent Spring* (1962), pietra miliare di una cultura dell'ambiente, il primo libro che unendo scienza e narrazione nella forte denuncia dell'uso incontrollato di DDT e dei fitofarmaci, ha avviato e favorito lo sviluppo di una sensibilità ambientale, professata in seguito anche in Italia, per esempio da Primo Levi (si veda *Carbonio*, nel *Sistema Periodico*, 1975) e da Italo Calvino (già in *Marcovaldo*, ovvero *Le stagioni in città*, 1963). Nell'esergo di *Primavera silenziosa*, dedicato al vincitore del Premio Nobel per la Pace 1952, si legge «ad Albert Schweitzer che disse: "L'uomo ha perduto la capacità di prevenire e prevedere. Andrà a finire che distruggerà la Terra"».[6]

Ma colui che più sta riflettendo sulla necessità di nuove narrazioni è lo scrittore, giornalista e antropologo indiano Amitav Ghosh. Ghosh sostiene che «l'Antropocene rappresenta una sfida non solo per le arti e le scienze umane, ma anche per il nostro modo abituale di vedere le cose, e per la cultura contemporanea in generale»[7] e ricorda come l'arte abbia spesso raccontato le più grandi minacce affrontate dal genere umano, denunciando gli orrori delle guerre, i soprusi sociali, la fame e la miseria e si chiede perché non si occupi della più grande minaccia alla sopravvivenza della nostra specie, ovvero le crisi climatiche. Per far meglio comprendere l'esistenza di una nuova "empatia" tra uomini e natura Ghosh riprende il concetto "freudiano" di "perturbante" (*Unheimlich*), ritrovandolo nello «spaesante dell'ambiente», che però è «diverso proprio perché riguarda forze e creature non-umane».[8] Lo sfacelo ambientale e la cultura occidentale sarebbero strettamente collegati, anzi, la seconda sarebbe la causa dell'attuale situazione: «La cultura induce desideri – di mezzi di trasporto, elettrodomestici, un certo tipo di giardini e case – che sono fra

---

5   Jerome Bruner, *La fabbrica delle storie. Diritto, letteratura, vita*, trad. di Mario Carpitella, Roma-Bari, Laterza, 2006, p. 9.

6   Rachel Carson, *Primavera silenziosa* (1962), trad. di Carlo Alberto Gastecchi, Milano, Mondadori-De Agostini, 1995 (1963[1]), p. 5.

7   Amitav Ghosh, *La grande cecità. Il cambiamento climatico e l'impensabile* (2016), trad. di Anna Nadotti, Vicenza, Neri Pozza, 2017, p. 16.

8   *Ivi*, p. 39.

i principali motori dell'economia basata sui combustibili fossili».[9] Ghosh ritiene che gli scrittori siano reticenti ad affrontare il tema delle crisi climatiche, perché esse riguardano direttamente i nostri stili di vita e il modo in cui essi ci rendono complici degli occultamenti messi in campo dalla nostra cultura, «perché tutti noi, poco o tanto, vi abbiamo contribuito [al surriscaldamento globale]».[10] Visto che gli esseri umani vanno considerati come degli agenti geologici, Ghosh si chiede come sia possibile raccontare la storia del capitalismo globale dando salienza agli attori naturali, recuperando l'espressività della natura tramite analogie e personificazioni: nel suo ultimo romanzo spezie, vulcani, agenti patogeni, fiumi, foreste, animali entrano nella narrazione.[11] il romanziere indiano auspica che «un'arte e una letteratura rinnovate» possano educare «una generazione in grado di guardare al mondo con maggiore lungimiranza delle generazioni che l'hanno preceduta, capace di uscire dall'isolamento in cui gli esseri umani si sono rinchiusi nell'epoca della loro cecità, disposta a riscoprire la propria parentela con gli altri esseri viventi».[12]

Un «contratto naturale» con la Biogea

Bisogna riaprire un dialogo con la natura, riscoprendone l'espressività, le sue potenzialità narrative; stabilire un "contratto naturale" con la Biogea, termine introdotto da Michel Serres per definire la Terra come un composto di biosfera e geosfera, insieme complesso di elementi vitali e componenti inorganiche che costituisce l'ambiente condiviso di tutte le specie viventi. Riconoscere l'appartenenza dell'uomo al sistema terrestre è divenuta un'esigenza pratica, connessa alle possibilità stesse della vita umana sulla Terra, e insieme un motivo culturale, etico ed epistemologico, che esige, sia in ambito filosofico che scientifico, una revisione profonda nei concetti, nei problemi, negli interessi. È necessario un "contratto naturale" che estenda le condizioni ricorrenti del diritto, in quanto le trasformazioni epocali delle collettività umane ormai confliggono globalmente

---

9 Ivi, p. 16.
10 *Ivi*, p. 40.
11 Cfr. Amitav Ghosh, *La maledizione della noce moscata. Parabole per un pianeta in crisi* (2021), trad. di Anna Nadotti e Norman Gobetti, Vicenza, Neri Pozza, 2022
12 Amitav Ghosh, *La grande cecità*, cit., p. 193.

con la Terra: «Il diritto di dominio e di proprietà si riduce al parassitismo. Il diritto di simbiosi si definisce invece per reciprocità: tanto la natura dà all'uomo, tanto il secondo deve rendere alla prima, divenuta soggetto di diritto».[13] Per tale principio di reciprocità la natura dovrà essere dotata degli stessi diritti che gli umani hanno conquistato nel corso della storia.

Serres ha proposto, per realizzare il «contratto naturale», una nuova istituzione mondiale, che chiama *Wafel* (acronimo di *Water, Air, Fire, Earth, Live*), nella quale «Homo politicus accoglierà gli elementi e i viventi, quasi-soggetti non appropriabili, perché formanti l'habitat comune dell'umanità. Sotto rischio imminente di morte, dobbiamo decidere la pace tra noi per salvaguardare il mondo, e la pace con il mondo per salvarci».[14]

Nuovi e vecchi saperi convergono nell'impresa: biochimica, climatologia, fisica dei materiali, idrogeologia, glaciologia, oceanologia... Ma il *Wafel* in realtà esiste già ed è un esempio di buona globalizzazione. Il rapporto del Gruppo intergovernativo sul cambiamento climatico (*Intergovernmental Panel on Climate Change* – IPCC) delle Nazioni Unite sullo sfruttamento delle terre coltivabili e sul riscaldamento globale dimostra senza equivoci che aria, acqua, terra e fuoco sono interconnessi nella Biogea. Il messaggio generale del rapporto, realizzato da più di 100 esperti provenienti da 52 paesi, consiste nell'affermare che il cambiamento climatico sta influenzando e influenzerà sempre di più la produzione di cibo nel mondo, facendo aumentare i flussi migratori delle persone. Il rapporto dice anche che per risolvere il problema non esiste una soluzione semplice: ci sono molte cose che si possono fare – piantare foreste e ridurre gli sprechi alimentari, per esempio – ma vanno fatte presto, tutte insieme e in modo coordinato, perché le singole iniziative da sole possono anche essere dannose.

Vorrei ricordare, nell'ottantesimo anniversario della sua morte (24 agosto 1943), richiamato nella Summer School, come Simone Weil già nel 1934 riconoscesse la pervasività di uno squilibrio che produce incrementi di diseguaglianza: «Viviamo in un mondo dove nulla è a misura dell'uomo; c'è una sproporzione mostruosa tra il corpo dell'uomo, lo spirito dell'uomo e le cose che costituiscono attualmente gli elementi della vita umana; tutto è squilibrio. Non esiste categoria, gruppo o classe di

---

13   Michel Serres, *Il contratto naturale* (1990), trad. di Alessandro Serra, Milano, Feltrinelli, 1991, p. 55.
14   Michel Serres, *Rameaux*, Paris, Le Pommier, 2004, p. 229 (mia traduzione).

uomini che sfugga completamente a questo squilibrio divorante, ad eccezione forse di qualche isolotto di vita più primitiva».[15]

L'esigenza del "contratto naturale" si confronta con un problema di accelerazione e di dismisura: sembra – come ha ricordato Remo Bodei – che «nella cultura dell'Occidente, la teoria e la pratica della dismisura abbiano messo velocemente radici sempre più profonde». Le aspettative convogliate dal "contratto naturale" si dovranno misurare con i limiti dell'umano, con «la terribile responsabilità di vivere in un mondo privo di stabili punti di riferimento», praticando, anche dinanzi alla natura e agli animali, «un'arte che va coltivata e praticata con cura», «l'attitudine a riconoscere e distinguere i limiti».[16]

Per parte sua Hartmut Rosa individua e denuncia nei loro effetti patologici le dinamiche di accelerazione tecnica, sociale e dei ritmi di vita alla base della modernità e, quando superano una certa soglia, della transizione alla cosiddetta post-modernità. La teoria dell'accelerazione che sviluppa a tal fine è molto articolata e penetrante, e offre una cornice sistematica per comprendere fenomeni e tendenze disparati come le innovazioni tecniche sempre più frequenti e potenti, la sensazione che la società con le sue norme e istituzioni muti sempre più in fretta, e i ritmi di vita sempre più frenetici.[17]

Con una efficace metafora Bruno Latour, in una conferenza dal titolo indicativo, *Come non (dis)amare la natura*, evoca un secondo processo a Galileo, trasformando la sua presunta esclamazione «Eppur si muove!» in «Eppur la Terra si commuove!».[18] Nel *Contratto naturale* Serres scriveva: «La scienza ha conquistato tutti i diritti, da tre secoli a questa parte, appellandosi alla Terra, che rispose muovendosi. Allora il profeta divenne re. A nostra volta, noi facciamo appello a un'istanza assente, quando esclamiamo, come Galileo ma davanti al tribunale dei suoi successori, ex profeti divenuti re: La Terra si commuove! Si muove la Terra immemoriale, fissa delle nostre condizioni o fondazioni vitali, la Terra fondamental-

---

15 Simone Weil, *Riflessioni sulle cause della libertà e dell'oppressione sociale* (1934), a cura di Giancarlo Gaeta, Milano, Adelphi, 2011, p. 108.

16 Remo Bodei, *Limite*, Bologna, il Mulino, 2015, pp. 102, 117 e 121.

17 Cfr. Hartmut Rosa, *Accelerazione e alienazione. Per una teoria critica del tempo nella tarda modernità* (2005), trad. di Elisa Leonzio, Torino, Einaudi, 2015.

18 Cfr. Bruno Latour, *La sfida di Gaia. Il nuovo regime climatico*, trad. di Donatella Caristina, *Prefazione* di Luca Mercalli, Milano, Meltemi, 2020, pp. 97-107.

mente trema».[19] Che la Terra tremi ce lo dicono i climatologi, perché la Terra di Galileo, che aveva un movimento, ma non un comportamento, non era la Terra dell'Antropocene, nella quale le masse di oltre otto miliardi di umani vivono e agiscono. Dopo aver alzato, con Galileo, gli occhi al cosmo, siamo "costretti" a guardare nuovamente alla Terra, ai suoi tremolii climatici, perché – come scrive ancora Serres – «esso [lo spazio terrestre] dipende così tanto da noi che ne è scosso e che ci inquietiamo, anche noi, di questo scarto rispetto agli equilibri previsti. Noi inquietiamo la Terra e la facciamo tremare! Ecco, di nuovo, che essa ha un soggetto».[20] La tendenza, accelerata, a superare i limiti ha condotto l'umanità a divenire il principale agente fisico globale delle trasformazioni della Terra che, con le sue dinamiche negative conduce alla distruzione dell'aria ambiente e quindi all'autodistruzione.

Sono necessarie nuove narrazioni, che si intreccino in una nuova *re-ligio*, nel senso attribuito al termine da Serres: «I dotti dicono che il termine religione potrebbe avere due fonti o origini. Secondo la prima significherebbe, attraverso un verbo latino: rilegare. Ci lega gli uni agli altri, assicura forse il legame tra questo mondo e un altro? Stando alla seconda, più probabile, non certa ma vicina alla precedente, vorrebbe dire riunire, raccogliere, rilevare, percorrere o rileggere.

Ma non dicono mai quale termine sublime la lingua contrappone al religioso, per negarlo: la negligenza. Chi non ha religione alcuna non deve dirsi ateo o miscredente ma negligente. La nozione di negligenza fa capire il nostro tempo».[21]

---

19   Michel Serres, *Il contratto naturale*, cit., p. 112.
20   *Ibid.*
21   Michel Serres, *Il contratto naturale*, cit., p. 65.

RIORIENTARE LE NOSTRE CIVILTÀ

di Fratel Enzo Bianchi

La mia relazione vuole essere un tentativo di lettura della situazione attuale sia del mondo che della chiesa.

Devo dire che io amo da sempre esercitarmi a leggere l'hic et nunc, il "qui e ora": fin da piccolo sono stato allenato, anche attraverso la scelta degli studi che ho praticato, a questa lettura della storia, che diventa anche lettura dei fatti e lettura degli eventi, ma soprattutto che cerca di comprendere i segni dei luoghi e i segni dei tempi, che possono indicarci delle linee di apertura verso il futuro.

Cominciamo a ripetere ciò che è evidente a tutti e che sappiamo e diciamo tutti: il mondo è diventato davvero globalizzato. Con questa espressione noi diciamo che ormai non vi è più una terra di questo mondo e un popolo di questo mondo che siano completamente autonomi e non risentano degli eventi e della storia che vivono altri popoli o altre terre.

E tuttavia, se questa è una verità, abbiamo sempre la possibilità, quando dobbiamo fare delle riletture o procedere a delle analisi, di mettere a fuoco un luogo più preciso, più circostanziato, più particolare, in modo da avere dei dati che siano anche meno contrastanti e che richiedono, con ogni probabilità, meno fatica nel decifrarli.

È per questo che, pur avendo girato, credo buona parte del mondo, anche se con intensità diverse, quando percorro queste riletture sintetiche, mi sembra che sia importante e decisivo delimitare il campo.

Io cercherò di parlarvi, stamattina, non di "come" va il mondo, ma di "dove" va questo nostro mondo occidentale, che comprende l'Europa occidentale e che può essere esteso fino all'America del Nord.

Questa parte di mondo continua a mantenere una diversità rispetto all'emisfero sud e rispetto all'estremo oriente, sia quello del nord siberiano, sia quello del sud della Cina e dell'India.

Noi oggi ci troviamo in una situazione di un occidente che, più che mai, si mostra "attuante" la vocazione del suo nome.

Tutti voi ci avrete sicuramente riflettuto e pensato: siamo "occidente", siamo una terra dove il sole cade, dove il sole declina, siamo in una terra di tramonto e, al di là delle letture romantiche e letterarie che si possono fare su questa osservazione, è molto importante percepire che con ogni probabilità nell'occidente è insito questo "cadere", come diceva Rilke, questa crisi, che viene costantemente rinnovata.

L'occidente, se lo si sa leggere in profondità, è sempre stato in crisi e anche in questo momento noi continuiamo ormai da anni, in maniera insistente, a parlare di crisi dell'occidente: crisi economica, crisi finanziaria, crisi culturale, crisi giuridica, crisi morale, crisi del cristianesimo.

Certo, quella che, in qualche misura, più ci scuote e ci interroga è la crisi del cristianesimo: la crisi che sta cambiando completamente il volto dell'occidente.

Io sono sempre guardingo nei confronti delle analisi statistiche, ma credo che alcuni dati debbano essere ritenuti e letti con intelligenza.

In tutta l'Europa, tra il 2000 e il 2022, dunque in due decenni, il cristianesimo ha perso esattamente la metà dei suoi praticanti: questo è un dato esteso ovunque. Siamo passati dal numero di praticanti del 30-32% a un numero del 13-14%.

E attenzione: voglio essere anche molto preciso con voi. Questi dati statistici si basano su inchieste che, seppur serie e fatte per campione ampio, contengono, per esempio nel caso italiano, una grande falsità.

Alcuni anni fa, il vescovo emerito di Siena, Mons. Antonio Buoncristiani, essendogli arrivati questi dati di inchiesta direttamente dalla CEI, che davano per la sua diocesi il 17% di frequenza alla messa domenicale, chiese ai singoli preti della sua diocesi di segnare su una pagella, per ogni domenica e ogni messa, il numero dei partecipanti. Il risultato è stato del 7%.

Questo per dire la reale riduzione della comunità cristiana, tanto che ci si sta domandando se una comunità cristiana così fragile possa ancora continuare.

È significativo che nel nord Italia sia sempre più frequente l'abolizione, nei paesi più piccoli, delle messe quotidiane. E per la domenica, alcune volte, ormai si accorpano più paesi per radunare i fedeli in un numero minimale significativo.

Ha fatto notizia l'avviso di un parroco di Venezia, che sul portale della chiesa mise l'avviso: "La chiesa è chiusa e non ci sarà più la messa per mancanza di fedeli".

Ci fu scandalo e il caso venne ripreso da alcune testate giornalistiche nazionali italiane, ma stava nella verità dei dati reali.

In tutta la Francia, vale a dire 67 milioni di abitanti, sette in più degli italiani, quest'anno sono stati ordinati 88 preti; negli anni passati, attorno al 2000, l'oscillazione era attorno al numero 100, ma adesso è scesa ulteriormente. Con un'età media dei preti che si aggira attorno ai 77 anni e mezzo.

Sono solo alcune cifre per dirvi che c'è una reale "*deminutio*" della comunità cristiana.

Io non giudico né moralmente né religiosamente questi valori statistici, ma dobbiamo essere consapevoli della reale diminuzione del fenomeno cristiano.

Ho anche avuto l'occasione di scriverlo in alcuni articoli: io mi sento sempre di più un testimone cristiano che vede la caduta del cristianesimo.

Mi sento proprio come Namaziano che, quando lascia Roma, vede la caduta dell'Impero Romano, nel quinto secolo, e raduna nelle sue memorie scritte, mentre scappa verso la Spagna, ciò che avviene nell'impero. Mi sembra di poter dire la stessa cosa per quanto riguarda la chiesa oggi.

Di fronte a questa situazione c'è, per contrasto, la lezione di Bergoglio.

Papa Francesco sembrerebbe aver riaperto i cantieri, aver riaperto molte porte e finestre nella chiesa: nelle sue parole troviamo chiare aperture, che da tempo ci si aspettava, verso le donne, verso le persone che hanno diverso orientamento sessuale, verso persone che hanno morali diverse. Tuttavia, dobbiamo essere molto chiari: finora papa Francesco, nonostante le dichiarazioni, non ha attuato nessuna riforma del codice della legge ecclesiastica.

Per cui ci troviamo in una situazione ambivalente: da un lato abbiamo parole di apertura, ma dall'altro lato non abbiamo nessuna procedura nuova. E quando mancano le procedure previste, quando manca la legge, chiunque arrivi dopo di lui dovrà fare riferimento al codice di diritto canonico, che è quello di prima.

Questo sarà drammatico nella chiesa, e avverrà prestissimo, non fosse altro per l'età avanzata che ha il papa e che non può lasciarci sognare ancora dieci anni di pontificato.

La chiesa oggi si trova davvero in una situazione di trapasso: è come se si trovasse su un ponte che rischia di crollare, senza avere le forze né per andare velocemente dall'altra parte, né per tornare indietro. È veramente una situazione difficile.

Io non credo che la chiesa ricordi di aver vissuto un'altra situazione così difficile e così sfilacciata.

A tutto questo dobbiamo aggiungere la registrazione di molte voci polemiche e una tendenza alla divisione, tanto che si minaccia lo scisma. Basti pensare al difficile dialogo tra la chiesa romana e le chiese tedesche e del nord Europa.

Tutto ci porta a una nuova acquisizione: la chiesa cattolica universale non sta più insieme in nome della dottrina del papa di Roma, perché in realtà le chiese obbediscono ad aree culturali e continentali.

È la scoperta che noi facciamo in questi giorni: la fede di un cristiano africano è dettata dalla cultura africana e certamente non più dalla dottrina proferita da Roma.

L'antico dettato che recitava: "*Roma locuta, causa finita est*", oggi non ha più senso. Siamo addirittura nella situazione in cui le unioni omosessuali vengono benedette in Germania, in Olanda, Belgio e Danimarca, mentre dai cattolici d'Africa questo è ritenuto sacrilegio e c'è la scomunica per chi attua.

Roma oggi non ha più nessuna possibilità di dire che c'è una sola verità perché le verità sono oramai culturali e continentali. Le chiese han perso la loro qualità di dipendenza da un ordine gerarchico ben preciso.

Ecco la domanda: che ne sarà della chiesa cattolica? Anche perché la struttura canonica romana non è come quella della chiesa anglicana, che ha accettato la cosiddetta "unità nelle differenze", il cui presupposto è "l'unità nella fede e la differenza nella morale", per cui c'è una parte della chiesa anglicana che accetta l'ordinazione episcopale delle donne e un'altra parte che la rifiuta, una parte accoglie gli omosessuali e una parte no.

La situazione non è assolutamente facile. E in tutto questo è venuto a inserirsi il dramma di una guerra tra cristiani ortodossi che è combattuta nell'est dell'Europa.

Un dramma complesso, la cui verità è più profonda di quanto si possa pensare.

In Ucraina le chiese ortodosse, istituzionalmente, sono in realtà almeno tre: una chiesa canonica, la Chiesa ortodossa ucraina, che si è dichiarata indipendente nel maggio 2022 senza però distaccarsi canonicamente dal patriarcato di Mosca, e che è anche la chiesa maggioritaria con a capo il metropolita Onufrij; da questa chiesa si era separata già nel 1992 una porzione, autoproclamatasi patriarcato di Kiev, che conta alcuni milioni di fedeli; era inoltre presente dagli anni '90 una piccola Chiesa autocefala ucraina, minoritaria, non riconosciuta dalle altre chiese ortodosse.

Le ultime due chiese sono confluite nel 2018 nella Chiesa ortodossa d'Ucraina, che nel 2019 il patriarca di Costantinopoli Bartholomeos ha riconosciuto come chiesa autocefala, ma che il patriarcato di Mosca considera scismatica; inoltre, un piccolo gruppo di fedeli e alcuni vescovi dissidenti sono rimasti con il precedente patriarca di Kiev, Filaret (Denysenko), non riconosciuto né da Mosca né da Costantinopoli.

Infine c'è la Chiesa greco-cattolica ucraina, presente soprattutto nell'Ucraina occidentale, nata nel 1596 dall'unione di una parte della metropolia ortodossa di Kiev-Halyč, allora sotto il dominio polacco, con la chiesa di Roma. Questo metodo per raggiungere l'unità, definito anche "uniatismo", è stato dichiarato superato dal documento ufficiale di dialogo ortodosso-cattolico di Balamand (1993) per la nuova consapevolezza che la chiesa cattolica e le chiese ortodosse hanno dell'unità da raggiungere tra loro, riconoscendo al contempo la legittimità dell'esistenza delle chiese orientali cattoliche. Tuttavia, la ricezione di questo documento, da una parte e dall'altra, è stata molto parziale e controversa.

Oggi, le diverse chiese in Ucraina e la chiesa ortodossa russa non soltanto non sono in comunione tra loro, ma alimentano l'ostilità reciproca, benedicendo le armi e gli eserciti che si combattono. Siamo davanti a una lotta fratricida che crea solo stragi. Questa situazione drammatica ha sancito un'ulteriore spaccatura all'interno dell'ortodossia. Mosca ha rotto la comunione con Costantinopoli e con tutte le chiese ortodosse – come la chiesa greca, la chiesa di Cipro, il patriarcato di Alessandria – che hanno riconosciuto la chiesa ortodossa d'Ucraina autocefala. C'è dunque una situazione di scisma nell'ortodossia, perché le chiese non si riconoscono neanche nella celebrazione eucaristica. Per me, che ho lavorato tutta la vita per l'ecumenismo, è una grande sconfitta, perché ho la coscienza che ci vorranno non so quanti decenni per rifare quel che si era raggiunto prima, in termini di concordia, di comunione e di vera sinfonia.

La situazione tra i cristiani è diventata seriamente non facile e anche noi cattolici non sappiamo bene ormai cosa fare: se parliamo con le chiese di obbedienza russa, si risentono quelli di Costantinopoli, e viceversa.

È vero che l'azione della chiesa cattolica, in questa guerra, ha fatto tanto e sono molto numerosi gli interventi del papa per la pace: questo bisogna riconoscerlo.

Eppure, a parere mio, c'è stata poca profezia da parte della chiesa cattolica nel modo di agire: perché sono stati tutti interventi fatti a livello politico. Le chiese invece si attendevano tra loro degli interventi a livello religioso ed ecclesiale.

Non dimentichiamo che la cultura ortodossa non riesce a concepire che una chiesa sia anche uno stato, come avviene per la chiesa Cattolica con la Santa Sede nel territorio dello Stato Vaticano; meno ancora riescono a concepire che una chiesa abbia un suo corpo militare armato, come avviene con la gendarmeria vaticana.

Negli anni attorno al 2000, infatti, sotto papa Giovanni Paolo II, il Vaticano ha deciso di armare il corpo della sua gendarmeria. L'acquisto di quelle armi, che in Italia nemmeno fu notato, per le chiese ortodosse fu un grande scandalo e finì per aggravare questa incomprensione.

Così come è uno scandalo che la Chiesa di Roma faccia tentativi di pace attraverso azioni diplomatiche con la Russia, con gli Stati Uniti, con la Turchia, e non attraverso azioni religiose tra le chiese: il risultato è che sentono il Vaticano non come una chiesa, ma come uno stato politico tra gli altri.

Ecco che tra loro e noi c'è di nuovo una grande distanza e ai loro occhi abbiamo perso credibilità, perché pensano che vogliamo fare azione politica.

In tutto questo dobbiamo aggiungere che c'è anche il grosso problema di un cambio di paradigma negli equilibri della politica mondiale: gli Stati Uniti d'America sono ormai in retrocessione e in declino, e sono sempre più emergenti la Cina e l'India.

Ormai l'India sta sorpassando anche la Cina come numero di abitanti e comunque Cina e India insieme hanno una popolazione di 3 miliardi. Ed è risaputa la grande capacità tecnologica indiana in continuo progresso.

Non possiamo non chiederci: cosa succederà? Cosa comporterà questo mutamento del mondo?

E noi, che pur abbiamo nella nostra Europa dei grandi valori e tutti riconoscono che è l'Europa il bacino culturale più fecondo al mondo per la costruzione dei valori, stiamo vedendo che questo flusso si sta inceppando. A che cosa è destinata quindi l'Europa? Dove sarà relegata?

Ecco la responsabilità dell'occidente: dobbiamo fare certamente un cambiamento, dobbiamo trovare il coraggio di renderci autonomi dai vincoli politici con gli Stati Uniti e impegnarci sempre di più per una nuova politica mediterranea.

Il papa per primo si sta impegnando in questo senso e lo dimostra il prossimo incontro a Marsiglia, nato dall'aspettativa di fare del Mediterraneo una zona capace di fornire idee nuove di politica, di economia, di relazioni sociali, di scambi culturali, di dialogo etico…

Il rischio è di cadere in una vera "afasia", in una incapacità di parlare e di dire qualcosa di rilevante e significativo per il mondo.

Non è una situazione facile, anche perché, sebbene ci siano sforzi prospettici, in realtà poi si dimostrano stanchi, debilitati, a volte confusi, perché non riescono mai a trasformarsi in qualcosa che sia progettabile e percorribile per il domani.

Però il quadro in cui dobbiamo imparare a muoverci è questo ed è un'urgenza: il rischio è vivere ancora in schemi e retaggi che in realtà non esistono più.

Io sono convinto che la strada è questa e che tutte le altre strade sono ormai bloccate e sterili.

Grazie dell'ascolto.

Collana
RELIGION AND SOCIETY / Terza serie

La bellezza salverà il mondo, a cura di Arnaldo Nesti, San Gimignano, 2018

Francesco Gervasi, *Formas de discriminacion en contra de la devocion hacia la Santa Muerte en Mexico, en las interacciones cara a cara y en el tratamiento de la prensa digital*, San Gimignano, 2018

Genesi 3,19: "Con il sudore del tuo volto mangerai il pane". Il lavoro e la religione, a cura di Arnaldo Nesti e Alessandro Anderle, San Gimignano, 2020

Francesco Gervasi, *Expresiones de discriminación hacia elfidencismo en sitios de noticias mexicanos. Una interpretación desde e Análisis Crítico del Discurso*, San Gimignano, 2020

Il viaggio come itinerario dello spirito, a cura di Arnaldo Nesti e Alessandro Anderle, San Gimignano, 2021

Narciso in frantumi. Effetti della pandemia sull'ordine del mondo, a cura di Arnaldo Nesti e Alessandro Anderle, San Gimignano, 2022

We are ready for peace... Sul vivere il mistero della storia, oggi, con responsabilità, a cura di Arnaldo Nesti e Alessandro Anderle, San Gimignano, 2023

Riorientare la nostra civiltà o il nulla. Nell'era dell'antropocene e di continue guerre: le religioni, le scienze, le arti ci salveranno dall'estinzione? a cura di Arnaldo Nesti, San Gimignano, 2024

Finito di stampare nel giugno 2024
presso la tipografia Tade di Empoli